Vorwort

Liebe Leserinnen, liebe Leser,

Fachkräftemangel und Quereinstieg – das sind zwei große Themen, die unmittelbar miteinander verknüpft sind. Ohne Fachkräftemangel würde es den Quereinstieg gar nicht geben. Sollte man ihn nicht lieber so schnell wie möglich überflüssig machen und stattdessen alle Anstrengungen in die Ausbildung von Fachkräften legen? Handelt es sich beim Quereinstieg gar um ein verkapptes Sparmodell? Derartige Fragen lassen sich kontrovers diskutieren, aber Fakt ist: Es gibt sie, die Quereinsteiger:innen. Es gibt den Fachkräftemangel. Und vor allem gibt es die vielen vielen Kinder, die es verdient haben, dass sie in den Kitas all das vorfinden, was sie für eine gesunde und stärkende Entwicklung benötigen.

Also haben wir uns daran gemacht, die Gelingensbedingungen für den Quereinstieg ausfindig zu machen. Wir haben Einrichtungen kennengelernt, in denen die Zusammenarbeit mit den Quereinsteiger:innen reibungslos funktioniert, und pädagogische Fachkräfte getroffen, die sehr froh sind, dass sie gemeinsam mit Quereinsteiger:innen den Alltag mit den Kindern gestalten können. Wie es gelingen kann, dass eine solche Zusammenarbeit von allen Beteiligten positiv bewertet wird, darum soll es auf den folgenden Seiten gehen.

Quereinsteiger:innen ins Team zu holen, erfordert auf vielen Ebenen Veränderungen und sollte als Einladung verstanden werden, alte Gewissheiten zu hinterfragen, Teamentwicklungsmaßnahmen mit höherer Dringlichkeit durchzuführen und die Bedeutung pädagogischer Fachexpertise im Arbeitsalltag zu definieren: In welchen Situationen und Arbeitsbereichen ist sie unerlässlich, wo ist sie ersetzbar?

Um das komplexe Thema zu strukturieren, beleuchten wir der Reihe nach die verschiedenen Perspektiven aller Akteur:innen – von der Kita-Leitung über die Quereinsteiger:innen bis zum Team – und stellen uns folgende Fragen:

- Was bedeutet es für die **Einrichtungsleitung**, wenn nicht einschlägig ausgebildete Mitarbeiter:innen das Team ergänzen?
- Was kann, was muss von den **Quereinsteiger:innen** selbst erwartet werden? Welche Unterstützung benötigen diese?
- Welche Konsequenzen ergeben sich für die **einschlägig ausgebildeten Teamkolleg:innen** und wie kann die Flexibilisierung bzw. Erweiterung des Fachkräftekataloges zu einer Bereicherung für alle werden?
- Welche **externen Unterstützungssysteme** sind geeignet, die Integration von Quereinsteiger:innen ins Team einer Kita abzusichern?

Wir wünschen Ihnen Mut und Zuversicht, die mit dem Quereinstieg verbundenen Herausforderungen anzugehen. Entwickeln Sie gemeinsam mit Ihrem Team kreative und umsetzbare Ideen, damit alle Kinder trotz Fachkräftemangel die bestmöglichen Entwicklungschancen bekommen!

Birgit Thurmann

Diplom-Pädagogin, ist Dozentin an der Fachschule für Sozial- und Heilpädagogik sowie im Aufbaubildungsgang Sozialmanagement an der Elly-Heuss-Knapp Schule in Neumünster tätig.

Inga Hansen

Sozialwissenschaftlerin (M.A.), ist als Dozentin an der Fachschule für Sozialpädagogik und im Aufbaubildungsgang Sozialmanagement an der Elly-Heuss-Knapp-Schule in Neumünster tätig.

Zum Reinhören: kindergarten heute Bonustrack
Birgit Thurmann erzählt im kostenlosen Kurzinterview „Bonustrack" auf www.kindergarten-heute.de/quereinstieg von ihren Begegnungen mit Quereinsteiger:innen aus Schleswig-Holstein, von deren Motivation, Vorstellungen und Wünschen und der Realität in der Kita.

Inhalt

I. Ausgangslage

1. Fachkräftemangel – und nun?

Der Fachkräftemangel ist in vielen Kitas bittere Realität. Stellen bleiben lange unbesetzt, weil es kaum Bewerber:innen gibt. Die Folge ist, dass immer mehr Fachkräfte für viel zu viele Kinder verantwortlich sind. Immer wieder hören wir Berichte von Mitarbeitenden, die regelmäßig die eigene Belastungsgrenze ignorieren, um die Öffnungszeiten nicht reduzieren zu müssen. Stattdessen wird vielfach auf pädagogische Angebote verzichtet, um das Betreuungsangebot überhaupt aufrechtzuerhalten (vgl. DKLK-Studie 2023). Die Schere zwischen dem, was in der Bildungseinrichtung Kita angeboten werden müsste, und dem, was ein Team tatsächlich leisten kann, geht oftmals weit auseinander (vgl. Wehrmann 2023). Es ist zu erwarten, dass dies die Motivation der Mitarbeitenden erheblich beeinträchtigt. Der bereits bestehende Fachkräftemangel verschärft sich dann zusätzlich dadurch, dass ausgebildete Fachkräfte wegen unabänderlich erscheinender und frustrierender Arbeitsbedingungen die Kita wieder verlassen. Noch wesentlicher erscheint uns, dass mit negativen Auswirkungen auf die Entwicklungschancen der Kinder zu rechnen ist, was zu beträchtlichen gesellschaftlichen Folgeproblematiken führen dürfte. Nachzulesen in dem von über 100 namhaften Wissenschaftler:innen unterschriebenen „Appell: Das Kita-System steht vor dem Kollaps“ (vgl. Fröhlich-Gildhoff 2022).

Neue Fachkräfte lassen sich aber trotz erweiterter Zugänge zur Berufsausbildung und bundesweiter Ausbildungsoffensive nicht herbeizaubern (vgl. Stahlmann 2023). Man muss also nüchtern feststellen, dass alle Versuche, auf gewohntem Wege das Problem dauerhaft und nachhaltig in den Griff zu bekommen, keinen durchschlagenden Erfolg erzielt haben. Viele Bundesländer haben deshalb als Antwort auf den Fachkräftemangel den Fachkräftekatalog flexibilisiert, sodass jetzt möglich ist, was noch vor einigen Jahren undenkbar erschien: Menschen ohne einschlägige Ausbildung dürfen das pädagogische Fachpersonal unterstützen und unter bestimmten Bedingungen auch als Zweitkraft in Kindertagesstätten eingesetzt werden.

Die Flexibilisierung des Fachkräftekataloges führt nun dazu, dass in vielen Kita-Teams Mitarbeiter:innen mit sehr unterschiedlichen Berufsbiografien und fachlichen Voraussetzungen kollegial zusammenarbeiten dürfen oder müssen. Soll diese Zusammenarbeit gelingen, sodass alle Mitarbeitenden und nicht zuletzt die Kinder davon profitieren, dann müssen auf viele Fragen neue Antworten gefunden werden. Eine Auswahl derjenigen Themen, die sich in unseren Workshops mit Leitungskräften und Kita-Mitarbeiter:innen als besonders bedeutsam herausgestellt haben:

- Welche Rolle spielen Fach- und Methodenkompetenz?
- Wie lässt sich die Arbeit unter Berücksichtigung der unterschiedlichen Ausbildungsniveaus aufteilen?
- Welche Befürchtungen löst die Veränderung bei einschlägig ausgebildeten Mitarbeitenden aus?
- Wer ist für die Einarbeitung der neuen Mitarbeiter:innen zuständig?
- Welche persönlichen Voraussetzungen müssen nicht einschlägig ausgebildete Mitarbeiter:innen mitbringen?

Hier wird deutlich, dass die neuartigen Herausforderungen, die mit der Flexibilisierung des Fachkräftekatalogs einhergehen, alle systemrelevanten Akteur:innen einer Kita betreffen. Die Leitungskräfte sind damit in besonderer Weise gefordert, denn sie steuern im Wesentlichen die notwendigen Prozesse, um gemeinsam mit dem Team konkrete Antworten auf obige Fragen zu entwickeln.

Kahlschlag auf dem Fachkräftemarkt und (k)eine Lösung in Sicht?

Unter welchen Bedingungen dies zu einer Win-win-Situation für alle Beteiligten führen kann, darum soll es auf den folgenden Seiten gehen. Zugleich darf auf keinen Fall der Eindruck entstehen, wir würden den strukturellen Mangel schönreden wollen. Aber es lohnt sich, die Chancen, die mit der Flexibilisierung des Fachkräftekataloges verbunden sind, zu nutzen. Allerdings möchten wir betonen, dass die Einstellung von Quereinsteiger:innen und die damit verbundene Arbeit der Integration ins Team nicht zum Nulltarif zu haben sind: Sowohl der Respekt vor den pädagogischen Fachkräften als auch die Verantwortung den Kindern und Familien gegenüber gebieten es, den politisch gewollten Quereinstieg mit entsprechenden finanziellen und materiellen Maßnahmen zu flankieren.

2. Um wen geht es?

Ramona war zuvor Teamleiterin bei einem großen Kosmetikkonzern, Marion hat Erfahrung als Altenpflegerin, Merle war Lehrerin und Malte hat lange als Postbote gearbeitet. Vielfach sind die neu gewonnenen Mitarbeitenden zusätzlich Eltern und haben Erziehungserfahrung. Gemeinsam ist all diesen Menschen eines: Sie haben sich entschieden, ihren bisherigen Beruf gegen die Arbeit in einer Kita zu tauschen.

Tauschen den alten Job gegen die Arbeit in der Kita: Quereinsteiger:innen.

Die Personen, die wir im Rahmen dieses Sonderheftes in den Blick nehmen, sind Menschen ohne einschlägige Ausbildung, die als voll gültige Teammitglieder im Gruppendienst der Kitas eingesetzt werden. Wer genau und auf welche Weise von dieser Flexibilisierung des Fachkräftekataloges profitiert, wird in den einzelnen Bundesländern allerdings sehr unterschiedlich geregelt. In einigen Bundesländern werden nur Personen zugelassen, die bereits eine Berufsausbildung absolviert haben. In anderen können sich auch Menschen ohne Berufsausbildung durch den Besuch vergleichsweise kurzer, berufsbegleitender Fortbildungsmodule qualifizieren. Für Menschen mit berufsnahen Ausbildungen wie beispielsweise Ergotherapeut:innen, Logopäd:innen oder auch Musikpädagog:innen gelten je nach Region wiederum andere Einstiegsbedingungen. Sowohl Zugangsvoraussetzungen als auch Umfang der benötigten Weiterbildungen variieren von Bundesland zu Bundesland erheblich. Es würde den Umfang dieses Heftes sprengen, die jeweils geltenden Bestimmungen aufzuführen. Über die Träger oder über die zuständigen Ministerien sind diese Informationen leicht zugänglich.

Ebenfalls sehr vielfältig sind die Bezeichnungen, die sich in den verschiedenen Bundesländern für nicht einschlägig ausgebildete Mitarbeiter:innen finden. Uns begegneten zum Beispiel „Quereinsteiger:innen“, „Zusatzkräfte“, „Unterstützungskräfte“, „pädagogische Hilfskräfte“ oder „helfende Hände“. Wir mussten uns für eine Bezeichnung entscheiden und sprechen im Folgenden von „Quereinsteiger:innen“ beziehungsweise „nicht einschlägig ausgebildeten Mitarbeiter:innen“.

Da der Quereinstieg für Menschen mit berufsnahen Ausbildungen wie Ergotherapeut:innen, Logopäd:innen oder Personen mit einem Pädagogikstudium vermutlich vergleichsweise leicht zu bewältigen ist, legen wir den Schwerpunkt des Hefts auf die Menschen, die sich im beruflichen Kontext erstmals mit pädagogischen Fragestellungen beschäftigen.

3. Dreh- und Angelpunkt: die Fachkompetenz

Es gibt Einwände, die man besonders oft hört, wenn es darum geht, Quereinsteiger:innen in Kitas zu beschäftigen. Carolin ist sozialpädagogische Assistentin und bringt es in der Dienstbesprechung so auf den Punkt: „Das ist total ungerecht! Wir haben eine zweijährige Ausbildung gemacht, und jetzt kommen Menschen ohne Ausbildung, verdienen fast genauso viel wie wir und sollen unseren Job machen.“ Neben dem Verdienst steht insbesondere die Frage im Raum, wie viel die Ausbildung und die damit erworbene Fachexpertise wert ist, wenn beides scheinbar so einfach zu ersetzen ist.

Ein weiteres Beispiel aus unserer Praxis: Im Rahmen einer Fortbildung für Leitungskräfte weigerten sich die Teilnehmenden zunächst mehrheitlich, sich überhaupt mit Fragen des Quereinstiegs zu beschäftigen. Sie würden ungelernte Kräfte nicht „auf Kinder loslassen“ und eher versuchen, politischen Druck aufzubauen, um dem strukturellen Mangel zu begegnen. Erst der Hinweis auf die zu erwartenden Engpässe führte zu einer Veränderung dieser Einstellung: Laut der von der Bertelsmann Stiftung durchgeführten Studie fehlen im Jahr 2023 etwa 383.600 Kita-Plätze und 98.600 Mitarbeiter:innen (vgl. Bertelsmann Stiftung/Wehrmann 2023, S. 78). Die folgenden Fragen standen anschließend im Mittelpunkt der Diskussion:

- Welche Aufgaben im Kita-Alltag benötigen wie viel Fachexpertise?
- Ließe sich dann aus den Antworten ableiten, welche Aufgaben die Quereinsteiger:innen übernehmen können?

Ziemlich schnell wurde deutlich, dass sich die Frage nach dem benötigten Fachwissen gar nicht so leicht beantworten lässt. Jede Situation kann unter pädagogischen Gesichtspunkten behandelt und gedeutet werden, wie das folgende Beispiel zeigt.

Was nach profaner Tätigkeit aussieht, ist meist vielmehr professionelles pädagogisches Handeln.

Fallbeispiel

Der vierjährige Marvin sitzt im Flur und hat offensichtlich Schwierigkeiten, seine Schuhe anzuziehen. Lara als erfahrene Erzieherin begleitet diese Situation mit pädagogischem Sachverstand. Sie überlegt sich genau, wie sie Marvin unterstützen kann. Sie wägt im Stillen ab, ob sie ihn tatkräftig unterstützt, ihm nur sprachliche Hinweise gibt oder ob sie ihn eher ermutigen sollte, dass er es ohne Hilfe schaffen kann. Sie überlegt, dass es eventuell auch zielführend sein könnte, ihn ganz in Ruhe zu lassen und darauf zu vertrauen, dass er die Situation selbstständig meistern kann. Voraussetzung für eine pädagogische Entscheidung ist, dass Lara die Entwicklung von Marvin zutreffend einschätzen und aus den Signalen des Kindes die jeweiligen Unterstützungsbedarfe ablesen kann. Zusätzlich hat sie die Gesamtgruppe im Blick und sieht, dass alle anderen Kinder bereits fertig angezogen sind und warten. Schließlich entscheidet sie sich, Marvin anzukündigen, dass sie jetzt mit den anderen Kindern rausgehen wird und Marvin nachkommen könne.

Würde Lara im Anschluss an die Situation befragt, könnte sie genau angeben, warum sie sich für diese Art des Vorgehens entschieden hat. Ihr ist es ebenfalls möglich zu reflektieren, ob die in der Situation getroffene pädagogische Entscheidung rückblickend tatsächlich sinnvoll erscheint. Eventuell betrachtet sie ihre pädagogische Entscheidung kritisch und kommt zu dem Schluss, dass ein anderes Vorgehen sinnvoller gewesen wäre. Diese Erkenntnis wird Lara nicht als Fehler deuten, da sie weiß, dass pädagogische Entscheidungen sich rückblickend als ungünstig herausstellen können. Die aus der Reflexion gewonnene Erkenntnis wird sie in einer nächsten, vergleichbaren Situation mit Marvin nutzen, um noch kindzentrierter seine Entwicklung zu begleiten.

Das hier geschilderte Vorgehen beschreibt in aller Kürze professionelles pädagogisches Handeln in einer Alltagssituation. Der/die Quereinsteiger:in ohne umfassende pädagogische Ausbildung wird sich in einer vergleichbaren Alltagssituation ebenfalls für eine Vorgehensweise entscheiden. Kindern beim Anziehen zu helfen ist eine Alltagstätigkeit, von der man gemeinhin annehmen kann, dass sie von jedem erwachsenen Menschen leicht zu bewältigen ist. Der Unterschied zwischen einer pädagogischen Fachkraft und einem/einer nicht einschlägig ausgebildeten Quereinsteiger:in wird also auf der reinen Handlungsebene kaum beobachtbar sein. Der wesentliche Unterschied besteht darin, dass die beobachtbaren Handlungen einer pädagogischen Fachkraft das Ergebnis eines Abwägungsprozesses sind, in dem sie aus einer Vielzahl an Handlungsmöglichkeiten genau diejenige auswählt, die zum Entwicklungsstand des Kindes und den Erfordernissen der Gesamtgruppe passend erscheint. Sowohl der Abwägungsprozess bei der Handlungsplanung als auch die anschließende professionelle Reflexion sind wesentliche Merkmale einer abgesicherten Fachexpertise.

Will man beurteilen, in welchem Rahmen der Einsatz von Quereinsteiger:innen zu verantworten ist, besteht die Kernfrage darin, ob es tatsächlich notwendig ist, dass alle Situationen in der oben beschriebenen Weise von pädagogischen Abwägungen begleitet werden. Wenn insbesondere bei Alltagsprozessen ein funktionierender, reibungsloser Ablauf im Vordergrund steht, wäre es dann vertretbar, dafür Quereinsteiger:innen sorgen zu lassen? Ausgebildete Pädagog:innen könnten sich in diesem Fall auf diejenigen Situationen und Kinder konzentrieren, die vorrangig eine fundiertere pädagogische Begleitung benötigen. Welche Situationen und Kinder das konkret sind, lässt sich kaum pauschal bestimmen. Pädagogische Fachleute sind also gefordert, ihre Expertise auch dahingehend zu nutzen, Situationen unter dem Gesichtspunkt des jeweils notwendigen Fachwissens zu analysieren und daraus abzuleiten, wer die Verantwortung übernimmt.

Derartige Überlegungen haben durchaus Neuigkeitswert. Weitestgehend homogene Teams brauchen die Aufgaben nicht anhand erworbener Fachexpertise unter sich aufzuteilen. Nicht selten hören wir in Fortbildungen auf die Frage, wer im Team welche Rolle habe, den mit gewissem Stolz vorgetragenen Satz: „Bei uns sind alle gleich!“ Soll durch diese Aussage betont werden, dass alle im Team dieselben Aufgaben und dasselbe Maß an Verantwortung haben, ist dies spätestens durch die Ankunft von Quereinsteigenden nicht länger vertretbar. Hier muss die Teamkultur sich dahingehend verändern, dass alle Mitarbeiter:innen im Gesamtgefüge einer Kita zwar einen vergleichbar wertvollen Platz einnehmen, die Aufgaben- und Verantwortungsbereiche sich aber eindeutig unterscheiden. Die vorangegangene Aussage über die Gleichwertigkeit aller Teammitglieder ließe sich dann so umformulieren: „Für die Umsetzung des pädagogischen Auftrags sind wir alle gleichermaßen wichtig, aber wir haben sehr unterschiedliche Aufgaben. Das Maß an Verantwortung, das jede und jeder übernimmt, ist abhängig von unserer jeweiligen Ausbildung und den bereits erworbenen Kompetenzen."

Die beschriebenen Veränderungen in der Teamkultur können zum Gewinn für alle Akteur:innen werden:

- Quereinsteiger:innen werden nicht mit viel zu komplexen Aufgaben betraut.
- Die Kinder wachsen ganz selbstverständlich damit auf, dass Menschen mit unterschiedlichen Ausbildungen unterschiedliche Aufgaben übernehmen.
- Einschlägig ausgebildete Mitarbeiter:innen sind aufgefordert, sich ihrer Fachexpertise bewusst zu werden und diese für alle sichtbar auszudrücken und entsprechend einzusetzen.

4. Hauptpersonen sind die Kinder

Max berichtet beim Abendessen mit seiner Familie stolz, er könne schon beim Betreten der Einrichtung riechen, wie viele Erzieher:innen wieder krank seien. Max meint vermutlich nicht einen olfaktorischen Eindruck, sondern nimmt unmittelbar wahr, welche Stimmung in der Kita herrscht. Wird morgens hektisch nach Lösungen gesucht? Müssen Erzieher:innen wieder einmal in anderen Gruppen aushelfen? Können geplante Projekte nicht umgesetzt werden? Müssen eventuell gar Eltern verständigt werden, damit sie ihre Kinder früher abholen?

Auch wenn die Fachkräfte diese Fragen nicht unmittelbar mit den Kindern besprechen, haben sie dennoch Einfluss auf die Gesamtatmosphäre. Der Tagesablauf vieler Kinder dürfte zumindest phasenweise davon geprägt sein, dass gestresste Erwachsene versuchen, alle Aufgaben und Herausforderungen irgendwie unter einen Hut zu bekommen.

Zudem ist vielfach nachgewiesen, dass eine feinfühlige, responsive Beziehung zwischen Fachkraft und Kindern für deren gesunde Entwicklung zwingend notwendig ist (vgl. Becker-Stoll/Textor 2007) und dass genau diese leidet, wenn Erzieher:innen immer wieder für zu viele Kinder zuständig sind. Die Überlastung des pädagogischen Fachpersonals kann dazu führen, dass die Beziehungen zu den Kindern nur noch formalisiert aufrechterhalten werden. Das empathische, zugewandte Eingehen auf die unterschiedlichen Bedarfe der Kinder kommt dann zu kurz (vgl. Kuhl et al. 2011, S. 9).

Fallbeispiel

Johann geht mit fünf Krippenkindern auf den Markt zum Einkaufen. Die Kinder schauen sich die einzelnen Marktstände an, eine Verkäuferin schenkt ihnen zwei Bananen. Diese müssen jetzt aufgeteilt werden. Johann bricht kleine Stücke ab und verteilt sie ganz in Gedanken – ohne Blickkontakt und ohne Worte an die Kinder zu richten. Ein Kind verweigert die Banane. Johann hält sie ihm dennoch hin. Schließlich greift ein anderes Kind nach dem Bananenstück und nimmt es aus Johanns Hand.

In dieser Szene fehlt die Interaktion des Erziehers mit den jeweiligen Kindern ebenso wie die sprachliche Begleitung seiner Handlungen. Vielleicht nur ein Einzelfall … Und selbstverständlich kann das hier beschriebene Verhalten ganz unterschiedliche Ursachen haben. Aber dennoch geht es genau um diese kleinen, aber wichtigen Signale, die notwendig sind, damit Kinder sich angenommen und sicher begleitet fühlen. Sie entfallen möglicherweise, wenn die Belastungsgrenze der Erzieher:innen erreicht ist. Ist diese sogar bereits überschritten, ist damit zu rechnen, dass der feinfühlige Umgang mit den Kindern leidet und sich im schlimmsten Fall verletzendes Verhalten den Weg bahnt (vgl. Kap. II.9).

Ein konstruktiver Umgang mit dem Fachkräftemangel ist daher nicht nur eine Frage des Respekts den einschlägig ausgebildeten Mitarbeiter:innen gegenüber, sondern auch zwingend geboten, um die Chancen zu erhöhen, dass Kinder in Kitas zuverlässig entwicklungsförderliche Bedingungen antreffen. Vorausgesetzt, Quereinsteiger:innen werden gut eingearbeitet, können sie durchaus dazu beitragen, dass sich die Betreuungssituation in den Kitas insgesamt entspannt.

Feinfühliger Umgang mit den Kindern ist zwingend.

II. Den Quereinstieg verantwortlich begleiten: Aufgaben der Leitungskraft

1. Die notwendigen (Einarbeitungs-)Prozesse steuern

Die Integration nicht einschlägig ausgebildeter Mitarbeiter:innen in das bestehende Team bedarf einer klaren Führung. Neben organisatorischen Aspekten wie dem Einstellungsverfahren oder dem Festlegen von Aufgabenbereichen gilt es zusätzlich, die Stimmungen im Team wahrzunehmen und geeignete Teamentwicklungsmaßnahmen anzuregen. Leitungskräfte haben unmittelbar Einfluss darauf, wie sich die Zusammenarbeit zwischen Quereinsteiger:innen und ausgebildeten Fachkräften gestaltet, und sie sind für die Steuerung entsprechender Prozesse verantwortlich. Bei den vielfältigen Aufgaben und Veränderungen, die sich aus der neuen Situation ergeben, ist es vermutlich sinnvoll, wenn Leitungskräfte zusätzlich geeignete Unterstützungssysteme, wie beispielsweise Fachberatungen, einbeziehen. Die folgenden Denkanstöße und daraus resultierenden Prozesse stellen nur eine Auswahl dar, sind aber aus unserer Sicht zwingend notwendig:

- Wie werden die Quereinsteiger:innen eingesetzt? Als Zweit- oder Zusatzkraft in einem festen Team oder als Springer:innen?
- Ähnlich wie Praktikant:innen haben auch Quereinsteiger:innen Bedarf an regelmäßigen Reflexionsgesprächen. Diese Gespräche müssen nicht zwingend von der Leitungskraft selbst geführt werden. Diese muss aber sicherstellen, dass sie stattfinden und dass es dafür einen angemessenen Rahmen sowie einen entsprechenden Zeitausgleich gibt.
- Wer ist für welche Aufgaben zuständig, was kann und darf von wem erwartet werden? Leitungskräfte müssen diese Fragen thematisieren, Rollen (neu) definieren und gemeinsam mit dem Team für Klarheit sorgen.
- Wie wird die zusätzliche Belastung, die durch die Einarbeitung von Quereinsteiger:innen entsteht, im Team minimiert und/oder gerecht verteilt?
- Teamentwicklungsmaßnahmen helfen den Quereinsteiger:innen, die Teamkultur wahrzunehmen und die Besonderheiten des pädagogischen Arbeitsfeldes kennenzulernen. Zugleich sollte die Leitungskraft alle Maßnahmen möglichst so wählen, dass das gesamte Team davon profitieren kann.

Wie der Beruf die Sichtweise beeinflusst …

Eine anschauliche Darstellung des Problems der unterschiedlich geprägten Sichtweisen bieten die vielen verschiedenen Antworten, die – je nach Beruf – zu der einfachen Frage „Wo geht's denn hier zum Bahnhof?" passen:

- „Wenn Sie wirklich dahin wollen und einfach nur ganz fest an sich glauben, dann werden Sie den Weg auch finden." – Psychologe
- „Einfach geradeaus, und wenn Sie schnell sind, schaffen Sie es in fünf Minuten." – Jogger
- „Keine Ahnung, aber ich fahr' dich eben hin." – Sozialarbeiter
- „Das heißt nicht ‚Bahnhoff', sondern ‚Baahhnhoof'. Versuchen Sie's noch einmal!" – Logopäde
- „Fragen Sie nicht lange! Gehen Sie einfach los!" – Manager
- „Ich weiß natürlich, wo der Bahnhof ist. Aber ich glaube, dass es besser für dich ist, wenn du es selbst herausfindest." – Pädagoge
- „Ja früher, so um 1900, da hätten Sie von hier aus den Bahnhof noch sehen können." – Historiker

Quelle: https://www.syst.info/de/wo-gehts-denn-hier-zum-bahnhof

2. Vielfalt braucht Führung

Das Personaltableau in den Kitas ist seit jeher bunt und vielfältig. Es finden sich neben den pädagogischen Fachkräften FSJler:innen, Bufdis, Praktikant:innen und Expert:innen, die mit einem ganz speziellen Auftrag in die Kita kommen, wie Ergotherapeut:innen, Logopäd:innen, Heilpädagog:innen oder Künstler:innen. Für all diesen Personen und Berufsgruppen sind Zuständigkeiten und Verantwortungsbereiche klar geregelt. Die alltägliche Arbeit in den Gruppen bzw. Funktionsräumen wurde aber bisher von vergleichbar ausgebildeten Erzieher:innen, sozialpädagogischen Assistent:innen oder Kindheitspädagog:innen übernommen, die Teamzusammensetzung war daher weitgehend homogen.

Durch die Einstellung von Quereinsteiger:innen treffen jetzt auch im Gruppendienst Personen mit sehr unterschiedlichen Berufsbiografien **kollegial** aufeinander. Bisher konnten sich pädagogisch ausgebildete Mitarbeiter:innen darauf verlassen, dass die Kolleg:innen aufgrund vergleichbarer Ausbildungen zu ähnlichen Einschätzungen im Umgang mit den Kindern kamen, wie sie selbst. Jetzt finden sie sich in Teams wieder, die sich durch deutlich mehr Heterogenität auszeichnen. Neben einem unausweichlichen Ausbildungsgefälle gilt es ebenfalls zu berücksichtigen, dass die Sichtweise eines Menschen auf Alltagssituationen stets durch seine berufliche Qualifikation und seine persönlichen Erfahrungen geprägt ist. Wer also zuvor etwa in Hauswirtschaft oder Verwaltung gearbeitet hat, wird Situationen vermutlich ganz anders einschätzen als Kindheitspädagog:innen oder Erzieher:innen.

Je heterogener Teams zusammengesetzt werden, umso bunter wird der pädagogische Alltag sich entfalten können, wie folgende Beispiele veranschaulichen. Marius war neben seiner Tätigkeit als Zimmermann auch Fußballtrainer. Er hat die Fähigkeit, sowohl handwerkliche als auch kraftvolle Sport- und Bewegungsangebote zu machen. Jan war vorher Pfleger, er hat unendlich viel Geduld und bleibt auch in unübersichtlichen Situationen erstaunlich gelassen. Jutta war zuvor Büroleiterin in einer mittelständischen Firma, sie kann gut organisieren. Sie assistiert der stellvertretenden Leitung bei der Erstellung des Dienstplanes.

Die Führungsaufgabe besteht darin, die Fähigkeiten und Talente aller Mitarbeiter:innen wahrzunehmen und Aufgabenfelder zu definieren, in denen die unterschiedlichen Kompetenzen genutzt werden. „Je bunter und vielfältiger Teams zusammengesetzt sind, desto mehr müssen Sie als Führungskraft auf die Mischkultur, also das ‚Miteinander arbeiten und Voneinander lernen' achten" (Günster-Schöning 2022, S. 51). Nutzt man die Metapher des Gärtners, dann besteht die Aufgabe darin, die einzelnen „Pflanzen" so zu platzieren, dass sie sich nicht gegenseitig behindern, sowie Standorte auszuwählen, an denen Bodenbeschaffenheit und Lichtverhältnisse das Wachstum fördern. Hier werden Leitungskräfte zum Gärtner oder zur Gärtnerin ihrer Einrichtung!

Reflexionsimpuls: Mein Team als Garten

Malen Sie Ihr Team als Garten und überlegen Sie, wo genau Quereinsteiger:innen gut „gedeihen" können:

- Welche Vision haben Sie von Ihrem Garten? Ist es ein Bauerngarten, ein englischer Landschaftsgarten oder ein kunstvoll strukturierter Barockgarten?
- Was braucht der Garten, damit Ihre Vision Wirklichkeit wird?
  - Benötigen Sie neue Pflanzen? Gibt es kahle Stellen, an denen sich beispielsweise Quereinsteiger:innen gut einbringen könnten? Welche Qualitäten müssten diese haben?
  - Welche Pflanzen brauchen derzeit Dünger?
  - Müssen große Pflanzen umgepflanzt werden?
  - Müssen eventuell einige Pflanzen beschnitten werden?
- Gibt es im Garten Pflanzen mit auffallenden Blüten? Mitarbeitende, die besonders beeindrucken, zu denen sich Eltern, Kinder oder auch Kolleg:innen besonders hingezogen fühlen? Solche Stauden brauchen ausreichend Abstand zu ihresgleichen, sie sollten nicht direkt nebeneinandergepflanzt, sondern mit Bedacht verteilt werden.
- Haben Sie tief wurzelnde Pflanzen, die es nicht gut vertragen, wenn man sie versetzt? Mitarbeitende, die für Beständigkeit sorgen und die sich tief mit der Kultur der Einrichtung identifizieren? Vielleicht sind es gerade diese sicher stehenden und verwurzelten Mitarbeiter:innen, die Quereinsteiger:innen gut einarbeiten können?

Vielleicht entdecken Sie mit der Gartenmetapher ganz neue Teamentwicklungsmöglichkeiten. Es lohnt sich, jedes einzelne Gewächs im Garten bewusst zu betrachten und den Standort nach seinen Besonderheiten und Bedürfnissen zu wählen. Werden Sie zum Gärtner oder zur Gärtnerin mit einer klaren Vision!

Quelle: vgl. Günster-Schöning 2022

3. Situativ führen

Neben einem mit Bedacht ausgewählten Einsatzort ist es notwendig, das Anleitungsverhalten an die Kompetenzen, Vorerfahrungen und die Motivation der Quereinsteiger:innen anzupassen. Dadurch verändert sich das Führungsverhalten je nach Situation; man spricht deshalb von „situativem Führen". Mit diesem Führungsstil kann die Leitungskraft sowohl Über- als auch Unterforderung vermeiden, indem sie die Art der Aufgaben, die notwendigen Anweisungen und die damit verbundene Kontrolle möglichst genau an die jeweiligen Kompetenzen der Mitarbeitenden anpasst. Zur Orientierung hat sich dabei das Reifegrad-Modell von Hersey und Blanchard als hilfreich erwiesen (vgl. Möller/Schlenther-Möller 2021, S. 78). Der Begriff „Reifegrad" bezieht sich nicht auf die Person als Ganzes, sondern ausschließlich auf die Kompetenzen, die zur Bewältigung einer Aufgabe notwendig sind. Um den Reifegrad und die Kompetenz der Mitarbeitenden für anstehende Aufgaben zu ermitteln, zieht dieses Modell zwei Kriterien hinzu:

1. Können: Die individuellen Fähigkeiten und Fertigkeiten einer Person in Bezug auf die zu erledigende Aufgabe.
2. Wollen: Das Interesse und die innere Bereitschaft, eine Aufgabe zu übernehmen; die Motivation, mit der Aufgaben umgesetzt werden.

Fallbeispiel

Johanna hat zuvor an einer Musikschule gearbeitet. Sie hat eine ausgebildete Singstimme (Können) und liebt musikalische Aktivitäten (Wollen), sie verfügt also über einen hohen „Reifegrad" beim Singen von Liedern im Morgenkreis. Bei der gemeinsamen Zubereitung des Frühstücks mit den Kindern jedoch ist ihr Reifegrad deutlich geringer.

Beim situativen Führen ermittelt die Leitungskraft die jeweilige Fähigkeit (Können) und die Motivation (Wollen) der Mitarbeiter:innen hinsichtlich einer bestimmten Aufgabe und richtet ihren Führungsstil entsprechend daran aus. Man unterscheidet vier Reifegrade, jeder erfordert ein anderes Leitungshandeln:

Reifegrad 1: Können und Wollen sind gering ausgeprägt

Den Mitarbeiter:innen fehlen Erfahrung und Fähigkeit (Können) sowie Motivation (Wollen), um eine Aufgabe zu erledigen.

Erforderliches Leitungshandeln:

- Die Bedeutung des Auftrags klarstellen.
- Eindeutige und detaillierte Anweisungen geben.
- Nach Unterstützungsmöglichkeiten suchen.
- Die Erledigung kleinschrittig kontrollieren.

Fallbeispiel

Quereinsteiger Lukas hat noch nie gern gebastelt oder gemalt. In der Kita steht das jährliche Lichterfest an, bei dem traditionell jedes Kind eine eigene Laterne baut und gestaltet. Lukas soll die Kinder dabei unterstützen, hat aber keine Vorstellung von den einzelnen Herstellungsschritten der Laterne. Er zeigt wenig Interesse, sich vertieft mit der Bastelanleitung zu beschäftigen. Die Gruppenleiterin teilt ihm deshalb einen Arbeitsschritt zu: Er schneidet oder reißt mit den Kindern Transparentpapier in Schnipsel und klebt diese auf Wachspapier. Die Gruppenleiterin behält sowohl den Prozess als auch das Ergebnis im Blick.

Wer weder will noch kann, verfügt über einen geringen Reifegrad.

Reifegrad 2: Das Können ist noch nicht vorhanden, das Wollen schon

Den Mitarbeiter:innen fehlt die Qualifikation oder Kompetenz für die Aufgabe (Können), zugleich sind sie hoch motiviert, die Aufgabe eigenständig zu übernehmen (Wollen). Bei hoher Motivation ist es möglich, dass Mitarbeiter:innen die eigenen Fähigkeiten überschätzen.

Ist der Wille ausgeprägt, aber die Fähigkeit noch nicht, ist der Reifegrad gering bis mäßig.

Erforderliches Leitungshandeln:

- Die Motivation unbedingt wertschätzen.
- In einem Feedback den pädagogischen Anspruch der Aufgabe verdeutlichen.
- Die aktuell vorhandenen Kompetenzgrenzen des/der Quereinsteigenden aufzeigen.
- Gemeinsam mit dem/der Mitarbeiter:in überlegen, ob und wie die entsprechende Qualifikation erlangt werden könnte.

Fallbeispiel

Quereinsteiger Chris hat jahrelang bei den Pfadfindern Gruppen geleitet und Camps organisiert. Als in der integrativen Kita ein Waldfest ansteht, bietet er sofort begeistert seine Mitarbeit im Orga-Team an und schlägt vor, entsprechende Outdoor-Spiele vorzubereiten. Die Leitungskraft meldet zurück, dass er seine Ideen gern einbringen könne, andere Kolleg:innen seine Vorschläge jedoch prüfen sollen, da er den aktuellen Entwicklungsstand der Kinder noch nicht gut genug einschätzen könne und bisher keine Erfahrungen mit inklusiven Spielangeboten gemacht habe.

Reifegrad 3: Das Können ist vorhanden, das Wollen fehlt

In diesem Fall verfügen die Mitarbeiter:innen zwar über die notwendige fachliche Kompetenz, es mangelt jedoch noch an der erforderlichen Motivation, eine bestimmte Aufgabe zu erledigen.

Erforderliches Leitungshandeln:

- Im Gespräch mit dem/der betreffenden Kolleg:in die Bedeutung der Aufgabe für die gelingende Arbeit in der Kita herausstellen.
- Dem/der Mitarbeiter:in seine/ihre besonderen Qualifikationen und Stärken zurückmelden.
- Ihn/sie bei der Vergabe künftiger Aufträge einbinden, sodass er/sie auf Entscheidungen, die den eigenen Arbeitsbereich betreffen, verstärkt Einfluss nehmen kann.

Die Fähigkeit ist vorhanden, der Wille jedoch fehlt – das zeugt von einem mäßig bis hohen Reifegrad.

Fallbeispiel
Tina hat vor ihrem Quereinstieg eine hauswirtschaftliche Ausbildung absolviert und in der Großküche eines Pflegeheims gearbeitet. Im Rahmen der Kooperation mit der Grundschule kochen die Kinder künftig einmal in der Woche gemeinsam mit den Schulkindern. Tina soll die Gruppenerzieherin dabei unterstützen, hat jedoch wenig Lust, erneut in der Küche zu stehen. Schließlich hat sie sich bewusst für einen Jobwechsel entschieden. Die Leitung sucht das Gespräch mit Tina und führt ihr vor Augen, wie wertvoll ihre Erfahrungen als hauswirtschaftliche Fachkraft sind und wie sehr die Kolleg:innen und die Kinder von ihrem Know-how profitieren können. Gleichzeitig fragt sie Tina, welche Aufgaben und Tätigkeiten sie darüber hinaus noch gern übernehmen möchte.

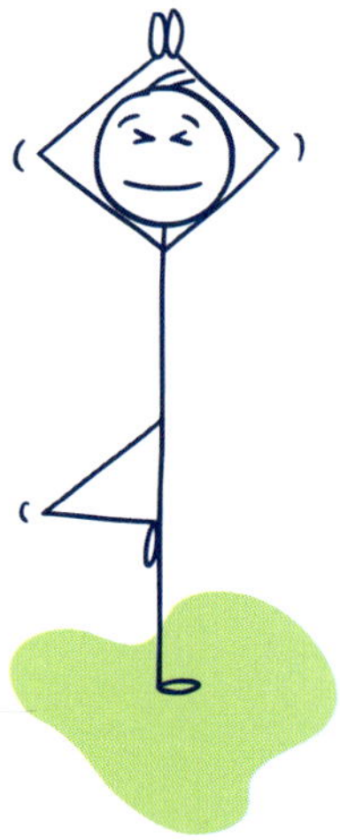

Wer sowohl Kompetenz als auch Wille mitbringt, verfügt über einen hohen Reifegrad.

Reifegrad 4: Können und Wollen sind gleichermaßen vorhanden
Die Mitarbeiter:innen verfügen über die notwendigen Kompetenzen und sind motiviert, eine Aufgabe eigenständig zu übernehmen.

Erforderliches Leitungshandeln:

- Die Mitarbeiter:innen ermutigen, einen klar formulierten und abgegrenzten Bereich zu gestalten und im Rahmen der Möglichkeiten Verantwortung zu übernehmen.
- Die Arbeit der Mitarbeiter:innen aus der Distanz beobachten, aber in Kontakt bleiben, falls Veränderungen oder mehr Unterstützung gewünscht werden.

Fallbeispiel
Quereinsteigerin Laura hat eine zertifizierte Ausbildung als Yoga-Lehrerin absolviert und in den vergangenen Jahren bei einem Bildungsträger Fortbildungen „Yoga mit Kindern" für pädagogische Fachkräfte gegeben. Sie möchte in der Einrichtung selbstständig jeweils nach dem Mittagessen Yoga für die Kinder anbieten. Die Leitungskraft spricht den zeitlichen und organisatorischen Rahmen mit Laura ab und lässt sie ansonsten das Programm eigenständig gestalten. Nach den ersten Schnupperstunden geben die Kinder Feedback und die Leitung erkundigt sich bei Laura, wie der Prozess bisher gelaufen ist und ob sie evtl. Unterstützung benötigt (vgl. Möller 2021).

Reifegrad-Modell nach Hersey/Blanchard

	Können -	Können +
Wollen -	Geringer Reifegrad 1	Mäßig bis hoher Reifegrad 3
Wollen +	Geringer bis mäßiger Reifegrad 2	Hoher Reifegrad 4

4. Verantwortungsbereiche und Rollen klären

Die Flexibilisierung des Fachkräftekataloges führt zu einer für viele Kindertagesstätten ungewohnten Heterogenität in der kollegialen Zusammenarbeit. Eine Heterogenität, die zunächst nicht dem expliziten Wunsch nach Vielfalt entsprungen ist, sondern die Antwort auf eine nicht anders lösbare Mangelsituation darstellt. Entsprechend muss damit gerechnet werden, dass Teammitglieder nicht sofort jubeln, sondern eher abwartend reagieren, wenn Quereinsteiger:innen in die Einrichtung kommen. Insbesondere sozialpädagogische Assistent:innen dürften in vielen Fällen empfindlich auf die Flexibilisierung reagieren und Quereinsteiger:innen als unmittelbare Konkurrenz erleben (vgl. Kap. I.3). In vielen Bundesländern erwerben Quereinsteiger:innen mit vergleichsweise kurzen Weiterbildungen die Berechtigung, als Zweitkraft im Gruppendienst arbeiten zu dürfen. Dies war bisher die Domäne sozialpädagogischer Assistent:innen. Es ist also nur zu verständlich, wenn viele sozialpädagogische Assistent:innen das Gefühl entwickeln, ihre Ausbildung und ihre Professionalität würde infrage gestellt. Insbesondere Leitungskräfte müssen diese Sorge ernst nehmen und offen ansprechen. Hier geht es um Anerkennung von Fachexpertise und darum, diese sichtbar zu machen: Sozialpädagogische Assistent:innen verfügen über ein Fachwissen, das deutlich über dasjenige von Quereinsteiger:innen hinausgeht. Es wäre also gut, wenn auch sozialpädagogische Assistent:innen Aufgaben und Verantwortungsbereiche übertragen bekommen, die zu einer wahrnehmbaren Abgrenzung gegenüber Quereinsteiger:innen führen. Je nach persönlicher Neigung könnten sie beispielsweise zuständig sein für die musikalische Gestaltung des Morgenkreises, für Bewegungsangebote, für künstlerische Angebote oder auch für administrative Aufgaben, wie beispielsweise die Mitarbeit im Qualitätszirkel. Bei der Auswahl entsprechender Personalentwicklungsmaßnahmen sollten Leitungskräfte mit viel Fingerspitzengefühl vorgehen.

Fallbeispiel

Jenny ist 21 Jahre alt, hat ihre Ausbildung zur sozialpädagogischen Assistentin erfolgreich abgeschlossen und freut sich darauf, jetzt im Beruf durchzustarten. Sie hat sofort eine Stelle bekommen. Mit ihr zusammen wurde die 41-jährige Martina, Mutter von 3 Kindern und ehemalige Hauswirtschaftskraft der Einrichtung, als Quereinsteigerin eingestellt. Jenny muss sich erst noch orientieren, Martina kennt „den Laden" und hat vermeintlich eine klare Vorstellung davon, wie man mit Kindern arbeiten „sollte". Schon nach wenigen Wochen kommt es zu Konflikten zwischen Jenny und Martina. Martina hat Jenny wiederholt Tipps gegeben, wie man sich in Konfliktsituationen zwischen Kindern verhalten sollte, und hat Jenny auf vermeintliche Fehler hingewiesen. Jenny fühlt sich in ihrer Rolle als ausgebildete SPA nicht ernst genommen und Martina ist sich ihrer neuen Rolle im Gefüge der Einrichtung nicht bewusst.

An Jennys Beispiel wird deutlich, wie die Konkurrenz von nicht einschlägig ausgebildeten Mitarbeiter:innen zu durchaus als „bedrohlich" wahrgenommenen Situationen im Alltag sozialpädagogischer Assistent:innen führen kann. Hier sind Leitungskräfte gefragt! Jenny muss in ihrer Professionalität gestärkt werden. Sie benötigt Anerkennung und Spielraum, sich auszuprobieren. Martina muss durch Gespräche und klares Feedback der Leitungskraft lernen, welche Rolle sie hat und welche „Dos and Don'ts" damit insbesondere in Bezug auf die jüngere Kollegin verbunden sind. Es ist die Aufgabe von Leitungskräften, dafür zu sorgen, dass der Konflikt zwischen Jenny und Martina möglichst beigelegt wird. Er ist als Symptom einer schwierigen Teamkonstellation zu verstehen, und damit als Folge von strukturellen Veränderungen im Personaltableau der Einrichtung. Es wäre den Beteiligten gegenüber unfair, derartige Konflikte als Ausdruck persönlicher Animositäten zu behandeln. Hier droht Gefahr, dass rollen- oder strukturbedingte Konflikte fälschlicherweise als Beziehungskonflikte ausgetragen werden. Leitungskräfte sind gefordert, sich zu positionieren: Sie müssen deutlich machen, welchen Stellenwert Fachexpertise hat und welche Chancen und Risiken mit zum Teil unreflektierter Lebenserfahrung verbunden sind. Dabei sollten Fachexpertise und Lebenserfahrung nicht in Konkurrenz zueinander stehen, sondern sich im Rahmen von Reflexionsprozessen gegenseitig befruchten. Werden derartige Prozesse nicht von Leitungskräften angeregt und entsprechend begleitet, steht zu befürchten, dass Mitarbeiter:innen Konflikte wie der zwischen Jenny und Martina auf der Beziehungsebene austragen, was zu erheblichen Verwerfungen im gesamten Team führen kann (vgl. Thurmann/Hansen 2023). Gelingt es, Konkurrenzgefühle zu minimieren, Rollen klar zu definieren und Mitarbeiter:innen Aufgaben zu übertragen, die ihnen die Möglichkeit geben, eigene Stärken und Talente im beruflichen Alltag einzusetzen, werden Anerkennungskonflikte vermutlich deutlich seltener auftreten.

Die Leitungskraft muss vermitteln, damit Fachkräfte und Quereinsteigende nicht in ein Kompetenzgerangel geraten.

Fachexpertise ist unverzichtbar.

5. Dem strukturellen Mangel ressourcenorientiert begegnen

In unseren Fortbildungen machen wir immer wieder eine erstaunliche Beobachtung. In der Regel kommen die Teilnehmer:innen aus demselben Bundesland, haben zumindest im Ansatz vergleichbare Arbeitsbedingungen und alle geben an, dass es sehr schwierig sei, freie Stellen zu besetzen. Die Art und Weise, in der sie davon berichten und wie sie die Auswirkungen beschreiben, ist hingegen durchaus unterschiedlich. Ein augenfälliges Merkmal ist, dass manche Mitarbeiter:innen den Herausforderungen mit einer gewissen Leichtigkeit begegnen, weniger „jammern" und insgesamt zuversichtlicher wirken. Was könnte die Ursache sein? Ein kleiner Ausflug in die Psychologie kann wertvolle Hinweise liefern, wie man derartig belastenden Situationen Erfolg versprechender begegnen kann.

Grundlage der folgenden Überlegungen ist die Erkenntnis, dass Gefühle unsere Wahrnehmung, Informationsverarbeitung und unsere Handlungen steuern (vgl. Storch/Kuhl 2017, S. 35). Die meisten Menschen reagieren auf den Eindruck von Überlastung oder die Einschätzung, nur noch den Mangel zu verwalten, mit negativen Gefühlen. Diese haben unmittelbare und zumeist unbewusste Auswirkungen auf die Wahrnehmung von Situationen: Negatives wird überdeutlich wahrgenommen, andere Aspekte derselben Wirklichkeit treten dagegen in den Hintergrund.

Diese Fokussierung auf Unstimmigkeiten ist dann hilfreich, wenn es darum geht, negativ empfundene Situationen, wie beispielsweise Überlastung aufgrund von chronischem Personalmangel, genauer zu analysieren. Geht es allerdings darum, kreative Ideen zu entwickeln, wie man die Situation verbessern kann, sodass Leitungskräfte und Mitarbeiter:innen mit Zuversicht in die Zukunft blicken, führt die negative Gefühlslage dazu, dass der Zugang zu tragfähigen Lösungen wie vernagelt erscheint. Teams geraten in eine Negativspirale, die Gespräche drehen sich überwiegend um Belastungsfaktoren und Problemlagen, die Mitarbeitenden stecken geradezu in einer „Problemtrance" fest.

Leider lassen sich Gefühle nicht einfach per Mausklick an- oder abwählen. Negative Gefühle abzumildern, ist nicht so einfach. Der Satz „Jetzt hör mal auf zu jammern" entfaltet normalerweise kaum eine Wirkung. Aber es gibt Methoden, die Leitungskräfte und Mitarbeitende nutzen können, um die Fokussierung auf das Problem aufzulösen, damit der Zugang zum lösungsorientierten, kreativen Denken und zu den vorhandenen Ressourcen wieder frei wird. Die Erarbeitung eines „Wunderrads" (s. unten) ist eine solche Methode.

Das Wunderrad

Wer für bestehende Schwierigkeiten konkret nach Lösungen sucht, tut das in der Regel durch intensives Nachdenken. Das gelingt mal besser, mal schlechter. Das Wunderrad ist die Einladung, für die Bewältigung einer vorhersehbaren Schwierigkeit mindestens fünf unterschiedliche Umgangsweisen zu entwickeln.

Beim Versuch, Lösungen allein durch bewusstes Nachdenken zu finden, arbeitet primär der Verstand, der gut geeignet ist, stringente, logisch aufeinander aufbauende Gedanken zu entwickeln. Allerdings erfordert das relativ viel Zeit und die Person läuft Gefahr, immer wieder ähnliche Lösungen (die auch früher schon nicht funktioniert haben) zu finden. Diesen Teil des Gehirns kann man „überlisten", indem man das Wunderrad nutzt und parallel sehr unterschiedliche Lösungsideen entwickelt. Durch die Menge der Alternativen steigen die Chancen, Zugang zu einem eher unbewusst und vernetzt arbeitenden Hirnareal zu bekommen, welches in der Lage ist, überraschende Verknüpfungen herzustellen. Neuartige sowie kreative Lösungsansätze können dann fast wie aus dem Nichts auftauchen.

Geben Sie bei der Erarbeitung eigener Wunderräder nicht auf, wenn die Lösungsideen zunächst etwas zäh fließen! Das Gehirn muss erst einmal auf den anderen Modus umschalten.

Tipp: Wunderräder in Gemeinschaft zu entwickeln, macht nicht nur Spaß, sondern erhöht die Chance, dass tatsächlich neuartige, kreative Ideen entstehen. Nebenstehend zwei Beispiele:

6. Aufgabenprofile entwickeln

Leitungskräfte sind dafür verantwortlich, Aufgaben zu verteilen und Mitarbeiter:innen entsprechende Einsatzorte zuzuweisen. Geschieht das in Abstimmung, wirkt es sich absolut förderlich auf deren Motivation aus. Da sich das Ausbildungsgefälle zwischen Erzieher:innen und sozialpädagogischen Assistent:innen vergleichsweise leicht ausgleichen lässt, ist es vielfache Praxis, die Verantwortung im Alltag weitgehend ausgewogen zu verteilen. Das Aufgabenprofil wird also ähnlich aussehen. Die Frage, wer wofür Verantwortung übernehmen kann und darf, bekommt nun angesichts nicht einschlägig ausgebildeter Mitarbeiter:innen ein neues Gewicht. Im Rahmen eines Workshops mit Leitungskräften haben wir erarbeitet, welche Aufgaben Quereinsteiger:innen übernehmen könnten, sodass sich für das pädagogische Fachpersonal eine deutliche Entlastung ergeben würde. Die Ergebnisse lassen sich in fünf Bereiche aufteilen:

1. kleine organisatorische und/oder hauswirtschaftliche Tätigkeiten wie Frühstück zubereiten, Tische abwischen, Anwesenheitslisten führen, Raum ausfegen, Essensbestellung, Geld einsammeln;
2. kleine Angebote wie Bücher vorlesen, Brettspiele spielen, beim Basteln und Malen begleiten;
3. unterstützende Begleitung bei alltäglichen Aufgaben wie beim An- und Ausziehen der Kinder oder während der Mahlzeiten;
4. ergänzende Beaufsichtigung von Kindern auf dem Außengelände oder in Nebenräumen;
5. Begleitung von Kindern, die erhöhte Aufmerksamkeit von Erwachsenen benötigen, beispielsweise um am Morgenkreis teilneh-

Wie viel Verantwortung bekommt der/die Quereinsteiger:in?

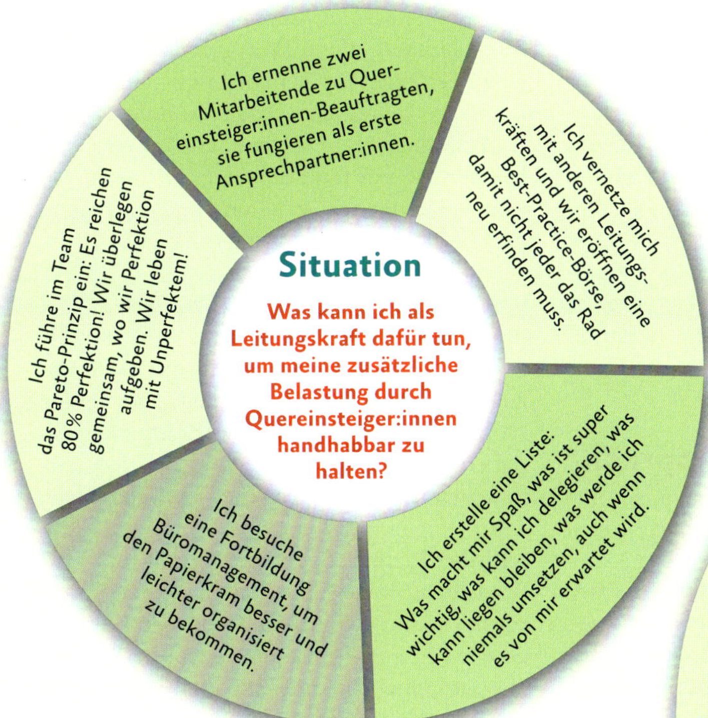

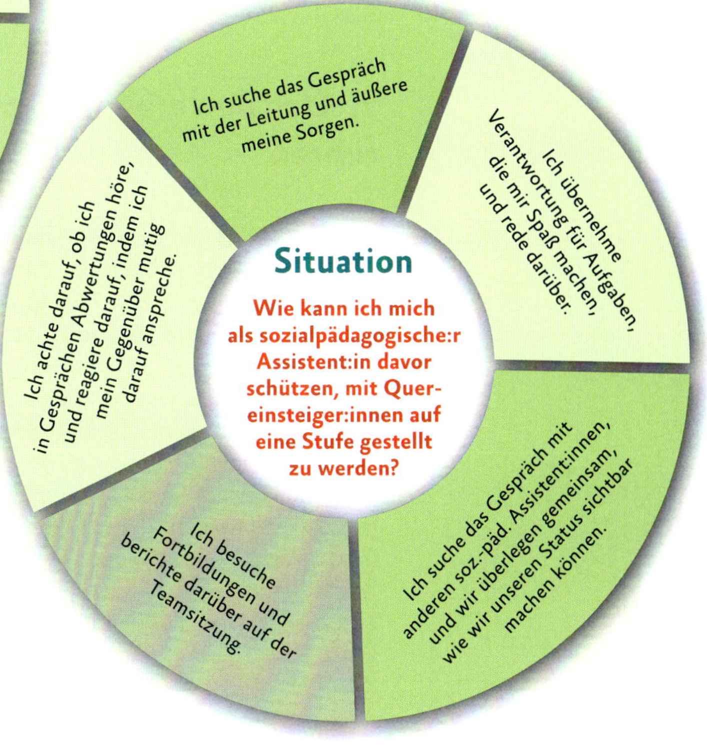

Quelle: vgl. Storch/Kuhl 2017, Kopiervorlage

Auch der/die Quereinsteiger:in hat Berufserfahrung.

men zu können. Alternativ übernimmt ein eingearbeiteter Quereinsteiger oder eine eingearbeitete Quereinsteigerin die Moderation des Morgenkreises, während der/die ausgebildete Erzieher:in seine/ihre pädagogische Kompetenz nutzt, um für dieses Kind die Teilhabe am Morgenkreis abzusichern.

Viele Quereinsteiger:innen berichten, dass sie vor allem zu Beginn ihrer Tätigkeit darauf angewiesen waren, möglichst klare Anweisungen zu bekommen, welche Aufgaben sie übernehmen sollen. Offene, allgemeine Hinweise wie „Dann guck dich einfach um und übernimm die Aufgaben, die dir so auffallen" können Quereinsteiger:innen nur schwer umsetzen. Außerdem würden sie derart offene Hinweise notwendigerweise vor dem Hintergrund der eigenen beruflichen Vorerfahrung interpretieren oder vielleicht sogar alltagstheoretische Vorstellungen von Erziehung einfließen lassen. Wie würde beispielsweise eine ehemalige Friseurin, ein ehemaliger Hausmeister oder eine ehemalige Reinigungskraft diese allgemeine Aussage deuten (vgl. „Wo geht's denn hier zum Bahnhof, Kap. II.2)?

7. Das Bewerbungsgespräch führen

„Bei uns achtet die Leitung darauf, dass nur Menschen eingestellt werden, die auch wirklich zu uns passen", berichtet Kirsten bei einem Austausch über die Zusammenarbeit mit Quereinsteiger:innen. Dem Bewerbungsgespräch kommt also eine besondere Bedeutung zu. Bewerbungsgespräche mit nicht einschlägig ausgebildeten Bewerber:innen müssen notwendigerweise anders verlaufen als solche mit Bewerber:innen, die bereits auf Berufserfahrung und vor allem auf eine einschlägige Ausbildung zurückblicken (vgl. Fröhlich-Gildhoff et al. 2021, S. 5). Insofern sind Persönlichkeitseigenschaften wie Beziehungsfähigkeit, Einfühlungsvermögen, Motivation oder Neugier von besonderer Bedeutung (vgl. Kap. III.2). Während fachtheoretisches und methodisches Wissen vergleichsweise leicht zu erwerben ist, sind notwendige Persönlichkeitseigenschaften wesentlich schwerer zu entwickeln. Ein zugewandt wertschätzender und einfühlsamer Umgang mit den Kindern ist aber unabdingbare Voraussetzung. Insofern sollten Leitungskräfte schon im Bewerbungsgespräch genau darauf achten, mit welcher Haltung Bewerber:innen über Kinder sprechen.

Inhalte des Bewerbungsgesprächs

Ein Klassiker ist die Frage: „Wie würden Sie sich verhalten, wenn …?" Sie zielt darauf ab, dass sich Bewerber:innen in eine bestimmte Situation hineinversetzen und dann darstellen, wie sie sich verhalten würden. Der/die Fragende erfährt dadurch viel über gute Vorsätze, aber wenig über tatsächliches Verhalten. Wesentlich aussagekräftiger werden die Darstellungen, wenn Bewerber:innen das eigene Verhalten in vergangenen Situationen schildern sollen. Die Frage könnte lauten: „Haben Sie schon einmal erlebt, dass …? Können Sie uns bitte die Situation, an die Sie jetzt denken, kurz schildern und darstellen, wie Sie sich damals verhalten haben?"

Eine geeignete Situation auszuwählen, fällt möglicherweise leichter, wenn die Leitungskraft zunächst ein Anforderungsprofil für die zu besetzende Stelle entwickelt. Hier einige Beispiele, die sich am Kapitel „Aufgabenprofile entwickeln" (Kap. II.6) und den dort dargestellten Aufgabenbereichen orientieren:

Aufgabe: Kleine Angebote begleiten
Bewerbungsfrage: „Sie haben sicher schon einmal Kindern ein Buch vorgelesen oder mit einem Kind ein Brettspiel gespielt. Wählen Sie bitte eine konkrete Situation aus, an die Sie sich noch erinnern. Schildern Sie uns bitte das Erlebnis. Es wäre schön, wenn Sie davon berichten, wie Sie sich in der Situation verhalten haben und welche Reaktionen Sie bei den Kindern beobachten konnten."

Aufgabe: Beaufsichtigung von Kindern
Bewerbungsfrage: „Ein Teil unserer Tätigkeit besteht darin, Kinder zu beaufsichtigen. Ich vermute, dass Sie auch schon einmal eine Situation erlebt haben, in der es Ihre Aufgabe

war, Kinder lediglich zu beaufsichtigen. Können Sie uns schildern, wie Sie vorgegangen sind?"

Aufgabe: Hauswirtschaftliche Tätigkeiten
Bewerbungsfrage: „Vermutlich haben Sie schon einmal gemeinsam mit einem oder zwei Kindern hauswirtschaftliche Tätigkeiten, wie Kochen oder Putzen, ausgeführt. Können Sie bitte darstellen, wie Sie die Kinder in die Tätigkeiten einbezogen haben?"

Drei Ebenen im Bewerbungsgespräch

Leitungskräfte sollten unbedingt darauf achten, ob die Schilderung der Bewerber:innen
1. die Situation,
2. das Verhalten,
3. das Ergebnis

ausreichend berücksichtigt (vgl. Jetter 2008, S. 162). Denn für die Bewältigung der zukünftigen Aufgaben sind alle drei Ebenen bedeutsam. Die folgenden Beobachtungshinweise und beispielhaft formulierten Fragen helfen Leitungskräften dabei, die Schilderungen der Bewerber:innen zu analysieren und gegebenenfalls vertiefend nachzuhaken.

Schilderung der Situation

Beobachtungshinweise für die Leitungskraft:
- Wie ausführlich wird die Situation geschildert?
- Welche Details der Situation werden hervorgehoben, und sind diese Details im Hinblick auf die spätere Tätigkeit in der Einrichtung bedeutsam?
- Ist die Darstellung konkret und in sich schlüssig?

Zum Nachfragen:
- „Könnten Sie diesen Aspekt bitte noch einmal genauer darstellen? Das kann ich mir noch nicht so genau vorstellen."
- „Haben Sie eventuell schon Ideen, welche Situationen in Ihrer neuen Aufgabe Ähnlichkeit mit dieser von Ihnen gewählten Situation haben könnten?"

Die Beantwortung dieser Fragen verrät, welche Vorstellungen die Bewerber:innen sich von ihrem neuen Arbeitsfeld gemacht haben. Es zeigt sich möglicherweise auch, wie realistisch/unrealistisch die neue Aufgabe eingeschätzt wird.

Schilderung des Verhaltens

Beobachtungshinweise für die Leitungskraft:
- Wie wird das eigene Verhalten geschildert? Ist die Darstellung von Wertschätzung getragen oder finden sich Abwertungen – der eigenen Person, der Kinder oder anderen Personen gegenüber?
- Werden Bedürfnisse aller Beteiligter im Verhalten berücksichtigt?
- Zeichnet sich das beschriebene Verhalten durch ein gewisses Maß an Flexibilität aus, indem beispielsweise auf Impulse oder Wünsche der Kinder eingegangen wurde?

... Quereinsteiger:in gefunden.

Zum Nachfragen:
- Bei Abwertungen: „Was genau war die Ursache für Ihre (negative) Einschätzung? Konten die anderen Beteiligten bemerken, dass Sie das geschilderte (negative) Empfinden hatten? Wie haben Sie dieses ausgedrückt?"
- „Welchen Einfluss hatten Begleitumstände wie Räume, Uhrzeit, Ausstattung …?"
- „Hatten Sie vorher damit gerechnet, dass die Situation genauso ablaufen würde, oder mussten Sie während der Situation Ihre Pläne verändern?"

Aus den Antworten auf diese Fragen lässt sich ablesen, inwiefern Bewerber:innen in der Lage sind, ihr eigenes Verhalten zu reflektieren.

Schilderung des Ergebnisses

Beobachtungshinweise für die Leitungskraft:
- Werden Wirkungen des eigenen Verhaltens geschildert?
- Wird das Ergebnis der Situation dem eigenen Verhalten zugeschrieben oder erscheint es eher zufällig?

Zum Nachfragen:

- „Können Sie schildern, auf welche Weise Ihr Verhalten zu dem beschriebenen Ergebnis beigetragen hat?"
- „Wie haben sich beispielsweise die Kinder im Anschluss an die von Ihnen geschilderte Situation gefühlt?"

Folgendes Beispiel zeigt, wie sich in einem Bewerbungsgespräch die verschiedenen Ebenen durch gezielte Fragen ansteuern lassen:

Praxisbeispiel

Leitungskraft: Wir haben in Ihrem Lebenslauf gelesen, dass Sie als Vorlesepatin in der Bücherei gearbeitet haben. Es wäre schön, wenn Sie uns eine Situation, die sie dort erlebt haben, genauer schildern könnten.

Antwort der Bewerberin: Wir haben das Angebot immer nach Altersgruppen aufgeteilt. Die Lesemäuse sind zwischen 4 und 6 Jahren alt. Einmal sind nur vier Kinder zu den Lesemäusen gekommen. Wir haben das Bilderbuch „Hier stimmt ja fast gar nichts" von Ralf Butschkow gemeinsam angeschaut. Es war etwas kompliziert, weil man ja bei dem Buch ganz genau hinschauen muss und die Kinder konnten nicht alle gleichzeitig gut hineingucken, da gab es dann schon erste Rangeleien zwischen den Kindern (Situation). Ich habe schließlich das Buch einfach auf den Boden gelegt und dann konnten die Kinder viel besser sehen, als wenn ich das Buch gehalten habe (Verhalten). Die Kinder hatten unheimlich viel Spaß, die ganzen Verrücktheiten herauszusuchen. Ich war eigentlich überflüssig und habe mich einfach mit den Kindern zusammen an den verrückten Ideen aus dem Buch gefreut (Ergebnis).

Fazit: Man kann sich durch die Schilderung die Situation gut vorstellen. Alle drei Ebenen werden berücksichtigt. Es lohnt sich dennoch nachzufragen, um beispielsweise herauszufinden, ob die Bewerberin die Kinder differenziert wahrgenommen hat.

Die differenzierte Schilderung beruflicher Erfahrungen lässt auf Reflexionskompetenz schließen.

Leitungskraft: Das klingt ja wirklich nach einer sehr vergnüglichen Vorlese- bzw. Entdeckerrunde. Können Sie noch etwas genauer schildern, wie die Kinder ihre Freude zum Ausdruck gebracht haben? Uns würde auch interessieren, ob Sie unterschiedliche Reaktionen bei den Kindern wahrgenommen haben.

Antwort der Bewerberin: Tatsächlich waren die Kinder sehr unterschiedlich. Ein Mädchen hat immer genau gesagt, warum z. B. die Rutsche nicht nach oben gehen kann oder warum man im Sandkasten keine Fische angeln kann. Ein anderes Kind hat sich einfach nur kaputtgelacht und wieder ein anderes hat kaum hingeschaut. Er schien sich fast ein bisschen zu langweilen, seine Reaktion habe ich nicht verstanden.

Fazit: Die Bewerberin schildert die Situation differenziert, und es wird deutlich, dass sie die unterschiedlichen Verhaltensweisen der Kinder wahrgenommen hat. Besonders hervorzuheben ist, dass sie sich fragt, warum das eine Kind scheinbar teilnahmslos war, und dass sie betont, dass sie nicht versteht, wie die Reaktion zustande kam. Sie scheint also in der Lage zu sein, Fragen zu stellen. Eine wichtige Voraussetzung für ihre Entwicklung in der neuen Arbeitsumgebung.

Leitungskraft: Hätte es eigentlich gereicht, wenn die vier Kinder in die Bücherei gekommen wären und ihnen dort jemand das Buch ausgehändigt hätte, hätten die Kinder genauso viel Spaß gehabt? Oder war es wichtig, dass Sie dabei waren?

Antwort der Bewerberin: Also ich glaube, das hätte nicht gereicht. Die Kinder haben mich immer wieder angeschaut und wollten, dass ich mich mit ihnen freue (Ergebnis). Ich habe dann genickt, ab und zu habe ich auch etwas entdeckt (Verhalten) und insgesamt haben wir die Situation ja gemeinsam erlebt (Ergebnis). Vielleicht habe ich den Kindern auch Sicherheit gegeben? (Ergebnis) Ich hatte nicht viel zu tun, aber ohne mich wäre es zumindest am Anfang zum Streit gekommen und schließlich hatte ich ja auch die Idee, dass sich alle auf den Boden begeben können. So konnte ich dann hinter den Kindern sitzen und war nicht mehr im Weg (Verhalten).

Fazit: Alle drei Ebenen werden berücksichtigt. Außerdem zeigt sich, dass die Bewerberin in der Lage ist, die Situation zu reflektieren. Sie erkennt, dass ihr Verhalten eine Wirkung auf die Kinder hat. Eine wichtige Voraussetzung für die Arbeit als Quereinsteigerin.

8. Der/die Quereinsteiger:in startet

Die Mentorin darf und muss dem Quereinsteiger Hinweise geben, wenn es die Situation erfordert.

Außenstehenden mag eine Kita vorkommen wie ein Bienenstock. Es herrscht Gewimmel und emsiges Treiben, das unweigerlich zu Fragen führt:

- Wie funktionieren die Arbeitsabläufe?
- Wie geht man mit Kindern um, die sich streiten?
- Wie begleitet man Kinder bei den Mahlzeiten?
- Wie setzt man Grenzen?
- Wie geht man damit um, wenn Eltern einen ins Gespräch verwickeln?

Die Liste könnte noch lange weitergeführt werden. Auch Quereinsteiger:innen sind zunächst Außenstehende, wie das nächste Beispiel zeigt.

Fallbeispiel

Lisa arbeitet seit drei Monaten in einer Kita. In ihrem vorigen Beruf war sie Arzthelferin. Nach einer längeren Kinderpause wollte sie sich neu orientieren und hat sich entschieden, in einer Kita zu arbeiten. Auf die Frage, was ihr den Anfang an der neuen Arbeitsstelle erleichtert habe, ist ihre spontane Antwort: „Es war gut zu merken, dass ich trotz aller Unsicherheiten wertschätzend behandelt wurde. Ich hatte irgendwie das Gefühl, als würden meine neuen Kolleginnen froh sein, dass ich da bin. Mit den Kindern kam ich gut zurecht, aber ich merke noch immer, dass ich viel zu schnell eingreife und Dinge für sie erledige. Da brauche ich noch Unterstützung, aber meine Kolleginnen geben mir immer schnell Feedback und dadurch wird es langsam besser." Lisa schmunzelt und berichtet, sie hätten im Team vereinbart, dass die Kollegin sich immer räuspere, wenn Lisa den Kindern zu viel abnimmt. Sie hat festgestellt, dass ihr diese kleinen Räusperer im Alltag unglaublich helfen.

Hier wird ein Dilemma sichtbar: Einerseits sind Quereinsteiger:innen Kolleg:innen, was vermutlich auch ihrem eigenen Selbstverständnis entspricht. Andererseits verfügen sie nicht über die gleichen Kompetenzen, wie sie von einschlägig ausgebildeten Kolleg:innen erwartet werden können.

Dürfen diese nun Aufgaben verteilen und Rückmeldung geben, wie es zwischen Anleiter:in und Praktikant:in der Fall ist? Hier gilt es, zwischen der persönlichen Beziehungsebene und der professionellen Ebene zu unterscheiden. Während es auf der Beziehungsebene keine hierarchischen Unterschiede gibt, gibt es sie auf der professionellen Ebene sehr wohl. Um die pädagogische Arbeit den Kindern gegenüber verantwortlich zu gestalten, kann es durchaus notwendig sein, dass ausgebildete Fachkräfte ihren nicht einschlägig ausgebildeten Kolleg:innen Hinweise und eventuell auch entsprechende Anweisungen geben. Die Frage lautet also nicht, **ob** derartige Hinweise zulässig sind, sondern es geht eher darum, das **Wie** zu klären. Insofern ist es unbedingt notwendig dass sich sowohl Leitungskräfte als auch die direkten Teamkolleg:innen zu Beginn der Zusammenarbeit für eine entsprechende Rollen- und Erwartungsklärung genügend Zeit nehmen.

Auf der Beziehungsebene sind Fachkraft und Quereinsteiger:in gleichberechtigt, nicht jedoch auf der Kompetenzebene.

Kopiervorlage: Einarbeitungskonzept für Quereinsteiger und Quereinsteigerinnen

Zeitlinie/Phasen	Aufgaben-Checkliste und Merkmale der jeweiligen Phase
Erster Tag 	• Wer nimmt die/den neue:n Mitarbeiter:in in Empfang? → Übernehmen Mentor:in und Einrichtungsleitung gemeinsam. • Willkommenssignale schaffen eine freundliche Atmosphäre. → Eine schön gestaltete Mappe mit wichtigen Infos, ein kleines Willkommensgeschenk wie z. B. der Kaffeebecher der Einrichtung. • Führung durch die Einrichtung und Bekanntmachen mit einigen Kolleg:innen. • Den Arbeitsplatz zeigen und beschreiben, welche Aufgaben an den ersten Arbeitstagen übernommen werden können. → Das ist wichtig, um den neuen Mitarbeiter:innen möglichst viel Sicherheit zu geben. • Wichtige Regeln erklären, jedoch nicht zu viel auf einmal! • Am Ende des ersten Tages führt die Leitungskraft ein kurzes Feedbackgespräch und erkundigt sich: → „Wie ist es Ihnen ergangen?“ → „Mit welchem Gefühl gehen Sie nach Hause?“ → „Haben Sie einen Wunsch für morgen?“ → „Was berichten Sie Ihrer besten Freundin vom ersten Tag?“
Orientierungsphase (Die Dauer hängt von der konkreten Situation ab. Der Übergang in die nächste Phase ist vermutlich fließend. Nach unseren Erfahrungen muss von mehreren Wochen ausgegangen werden.) 	Die Orientierungsphase wird für Leitungskräfte, Mentor:innen und Kolleg:innen zeitintensiv. Der Einsatz wird sich aber später doppelt auszahlen, denn diese Phase ist für den weiteren Verlauf der Einarbeitung von zentraler Bedeutung. • Der/die Quereinsteiger:in setzt sich mit dem Bild vom Kind und der Kultur der Einrichtung auseinander. • Er/sie wird mit erzieherischen Maßnahmen konfrontiert werden und es wird zu einem Abgleich zwischen Erwartungen und Realität kommen. → Eventuell beobachten Mentor:in und Kolleg:innen tiefgreifende Verunsicherung bei dem/der Quereinsteiger:in, wenn alltagstheoretische Vorstellungen auf professionellen Umgang mit pädagogischen Fragestellungen treffen. Dieses Gefühl der Verunsicherung ist jedoch wichtig und muss ausgehalten werden. Denn Entwicklung findet insbesondere dann statt, wenn Menschen ihre Komfortzone verlassen und sich mutig neuen Herausforderungen stellen. → Kolleg:innen sind in dieser Phase besonders gefordert, die notwendige Auseinandersetzung des/der Quereinsteiger:in mit den qualitativen Standards der Elementarpädagogik durch Reflexionsgespräche zu begleiten. → Die Anforderungen an den/die Quereinsteiger:in sollten aber insgesamt noch nicht zu hoch geschraubt und kritisches Feedback dosiert eingesetzt werden. Günstiger ist es in dieser Phase, positive und bestärkende Rückmeldung zu geben.

Kopiervorlage: Einarbeitungskonzept für Quereinsteiger und Quereinsteigerinnen

Zeitlinie/Phasen	Aufgaben-Checkliste und Merkmale der jeweiligen Phase
Zwischengespräch mit der Leitungskraft (spätestens nach einem Monat)	Die Leitungskraft fragt nach den Erfahrungen der ersten Arbeitstage: • „Wie ist es Ihnen in den ersten Wochen bei uns ergangen?" • „Was waren besonders schöne Erlebnisse?" • „Haben Sie genügend Unterstützung erhalten oder können wir noch ‚nachbessern'?" • „Was nehmen Sie sich für die kommenden Wochen vor?" • „Uns ist aufgefallen, dass …" → Hier muss Positives benannt, aber auch Kritik ausgesprochen werden!
Phase des Erprobens der neuen Kompetenzen (Die Dauer ist abhängig von beruflicher Vorerfahrung und persönlicher Eignung.) 	• Der/die Quereinsteiger:in weiß jetzt genauer, wie sie die eigenen, neu erworbenen Kompetenzen einsetzen kann. Eventuell bilden sich Schwerpunkte in der Arbeit mit den Kindern heraus. Er/sie muss die neue Haltung nun einüben und sich ausprobieren. → Je fehlerfreundlicher das Team in dieser Phase arbeitet, umso bereitwilliger wird der/die Quereinsteiger:in neu erlernte Methoden und Verhaltensweisen umsetzen. • Der/die Quereinsteiger:in wird selbstständiger und kann zunehmend Aufgaben allein übernehmen. • Im besten Fall bringt er/sie eigene Ideen in die Arbeit mit ein. • Während in der Orientierungsphase Fragen nach Abläufen, Regeln und der pädagogischen Haltung im Vordergrund standen, geht es jetzt nun auch um tiefer gehende pädagogische Fragen. • Der/die Quereinsteiger:in lernt zunehmend Begründungszusammenhänge kennen. → Das Feedback darf und muss jetzt kritischer werden. Günstig ist, wenn es zu einem offenen und kritischen Austausch über pädagogische Fragen kommt. Der Austausch wird zunehmend kollegial und das Kompetenzgefälle nimmt ab.
Zwischengespräch (nach ca. drei Monaten)	Die Leitungskraft führt ein vorbereitetes Mitarbeiter:innengespräch. Inhalte und Ablauf orientieren sich an den für alle Mitarbeiter:innen geltenden Regelungen.
Ziel: Arbeitsfähigkeit erreicht (etwa nach 6 Monaten)	• Der/die Quereinsteiger:in kennt die Aufgaben seines/ihres Arbeitsbereichs und die entsprechenden Zuständigkeiten. • Er/sie hat eine Beziehung zu den Kindern aufgebaut. • Er/sie ist am neuen Arbeitsplatz „angekommen" und fühlt sich als vollwertiges Teammitglied. → Führungskraft und Team treiben die Auseinandersetzung mit pädagogischen Fragen in Ruhe und durch stetige Impulse weiter voran.

Hier eine Auflistung, welche Fragen zu Beginn der gemeinsamen Arbeit geklärt werden sollten:

- Welche Aufgaben soll der/die Quereinsteiger:in konkret übernehmen (vgl. Kapitel II.6)? Die Leitungskraft sollte zusätzlich darauf hinweisen, welche Aufgaben den einschlägig ausgebildeten Fachkräften vorbehalten sind.
- Mit welcher Art von Feedback muss der/die Quereinsteiger:in rechnen? Welche Form des Feedbacks erscheint sinnvoll, welche Form wird gewünscht?
- Gibt es eine/einen Mentor:in? Wie werden Fragen der/des Quereinsteigenden bearbeitet? Werden sie „nebenbei" beantwortet oder gibt es feste Zeiten, die für Fragen bzw. Reflexionsgespräche vorgesehen sind?

Neben diesen konkreten Absprachen bedarf es zusätzlich eines Einarbeitungskonzeptes. „Die empirisch gestützten Erkenntnisse aus der Studie TEAM BaWü machen deutlich, dass es bei Weitem nicht ausreicht, neuen Teammitgliedern unabhängig von ihrer Qualifikation ‚nur' offen und wertschätzend zu begegnen. Vielmehr braucht es spezifische Einarbeitungs- und Personalentwicklungskonzepte in den Einrichtungen, die zu einer schnellen Anschlussfähigkeit (…) führen. Die pädagogische Handlungspraxis in Kindertageseinrichtungen ist zu anspruchsvoll, als dass eine Zusammenführung eines multiprofessionellen Teams ‚irgendwie nebenbei' geleistet werden könnte" (Cloos/Weltzien 2019, S. 133). Bei der Entwicklung von Einarbeitungskonzepten können sich Leitungskräfte gut an den bereits vorliegenden Plänen für Praktikant:innen orientieren. Auf der vorhergehenden Doppelseite (S. 20/21) findet sich ein beispielhaftes Einarbeitungskonzept als Kopiervorlage.

Ein Einarbeitungskonzept hilft allen, zusammen zu wachsen.

9. In das Gewaltschutzkonzept einführen

Ein wichtiger und unerlässlicher Baustein während der Einarbeitungszeit (und darüber hinaus) ist die Auseinandersetzung mit dem Gewaltschutzkonzept der Einrichtung, denn eine Kita muss zu jedem Zeitpunkt für jedes Kind ein sicherer Ort sein. Damit das gelingt, tragen alle – Mitarbeitende, Leitungskräfte sowie die Träger der Einrichtungen – gleichermaßen Verantwortung. In jeder Kinder- und Jugendhilfeeinrichtung muss ein Gewaltschutzkonzept vorliegen. Es ist laut SGB VIII Voraussetzung für die Erteilung einer Betriebserlaubnis durch das Landesjugendamt (vgl. Maywald 2022, S. 35). Der Gedanke, dass Betreuungspersonen in Kitas sich bewusst oder unbewusst grenzverletzend oder gar gewalttätig gegenüber Kindern verhalten, ist für alle Mitarbeiter:innen schwer auszuhalten und löst schnell inneren Widerstand aus. Entsprechend herausfordernd ist es, das Thema „Gewalt" innerhalb eines Teams zu besprechen und zu reflektieren, ohne dass sich Mitarbeitende angegriffen fühlen oder einem „Generalverdacht" ausgesetzt sehen. Trotzdem darf die Einrichtung das Thema „Gewalt durch Fachkräfte" nicht tabuisieren, sondern sollte es auch gemeinsam mit Quereinsteiger:innen transparent und offensiv bearbeiten. Studien weisen darauf hin, dass seelische, körperliche oder sexuelle Grenzverletzungen in Einrichtungen der Kinder- und Jugendhilfe keine Einzelfälle sind (vgl. Maywald 2022, S. 15 f.). Neben strafrechtlich relevanten Vorkommnissen wie sexuellem Missbrauch, körperlichen Bestrafungen oder vorsätzlicher Vernachlässigung der Aufsichtspflicht gibt es Formen von grenzverletzendem Verhalten, bei denen den handelnden Personen möglicherweise gar nicht bewusst ist, dass sie Kinder massiv entwürdigen oder beschämen. Dazu zählen (vgl. Maywald 2022, S. 41):

- Abwertungen und Beleidigungen („Das war ja klar, dass du das wieder nicht hinbekommst!");
- ständiges Vergleichen mit anderen Kindern („Lukas und Sina gehen schon allein auf die Toilette, nur dich muss ich immer noch wickeln!");
- Zwang beim Essen („Wer das Gemüse nicht isst, bekommt auch keinen Nachtisch!");

- Diskriminierung („Da, wo du herkommst, isst man vielleicht mit den Händen, hier essen wir anständig und nehmen den Löffel!“);
- unsensibles Nähe- und Distanzverhältnis (ungefragt Kinder auf den Schoß nehmen).

Zentraler Baustein des Gewaltschutzkonzeptes ist der Verhaltenskodex. Er legt die Regeln für einen gewaltfreien und grenzachtenden Umgang gegenüber den Kindern fest und soll zugleich allen Mitarbeitenden Handlungssicherheit und Orientierung in sensiblen und herausfordernden Alltagssituationen geben (vgl. Unabhängige Beauftragte für Fragen des sexuellen Kindesmissbrauchs 2023). In der Praxis hat sich darüber hinaus bewährt, gemeinsam mit dem Team auf der Basis des Verhaltenskodex eine „Verhaltensampel“ zu entwickeln (s. Kasten S. 24). Diese dient der Reflexion kritischer Situationen und hilft dabei, ein Gefühl für die Angemessenheit von Erziehungsmaßnahmen zu entwickeln. Sie bietet zudem insbesondere unerfahrenen Mitarbeiter:innen und Quereinsteiger:innen eine konkrete Richtschnur für die Praxis. Erarbeitet das Team die Verhaltensampel gemeinsam, fällt es im Anschluss auch allen leichter, gegebenenfalls Kolleg:innen auf problematische Verhaltensweisen oder Grenzverletzungen anzusprechen. Damit sich Fehlverhalten nicht wiederholt oder verfestigt, muss es Konsequenzen nach sich ziehen. In welcher Form und durch wen diese erfolgen, hängt zum einen von der Art und Intensität des Fehlverhaltens ab und zum anderen, ob es sich um eine einmalige oder wiederholte Verletzung des Verhaltenskodex handelt. Bereits gelb gekennzeichnete Verhaltensweisen (s. Verhaltensampel S. 24) sollten so schnell wie möglich zu einem Gespräch führen. Die Leitungskraft reflektiert die Situation in einem vertraulichen und sicheren Rahmen gemeinsam mit dem/der betreffenden Mitarbeiter:in und eventuell mit Kolleg:innen, die die kritische Situation beobachtet haben. Das problematische Verhalten wird klar benannt, ohne die betreffende Person abzuwerten. Dafür braucht es eine Teamkultur, die von Achtsamkeit und Verständnis für Überforderung, aber auch von richtig verstandener Solidarität und dem unbedingten Willen zum Kinderschutz geprägt ist. Hilfreiche Fragen für das kollegiale Gespräch:

Die Kita muss für jedes Kind zu jeder Zeit ein sicherer Ort sein.

- Wie habe ich die Situation wahrgenommen, wie hast du die Situation wahrgenommen?
- Wie kam es zu dieser Situation und deinem Verhalten?
- Wie können derartige Situationen und das damit zusammenhängende Fehlverhalten künftig vermieden werden?
- Wie können wir überprüfen, ob die vorgenommenen Veränderungen sich bewährt haben?

Manchmal ist es sinnvoll, bei individuellem Fehlverhalten einzelner Mitarbeiter:innen gemeinsam im Team über die auslösende Situation, wie etwa die Gestaltung der Essens- oder Schlafsituationen, zu sprechen. Das gilt im besonderen Maße, wenn Absprachen und Regeln nicht allen klar sind oder wenn Fehlverhalten durch strukturelle Bedingungen, wie beispielsweise fehlendes Personal, begünstigt wird. Alle Beteiligten sollten dann nach Möglichkeiten suchen, solche Krisensituationen zu entschärfen und für Entlastung zu sorgen. Bei dauerhaften strukturellen Unzulänglichkeiten muss beim Träger auf Abhilfe gedrängt werden (vgl. Maywald 2022, S. 94 f.).

Problematisches Verhalten erfordert zwingend ein Gespräch.

Verhaltensampel

Alle Verhaltensweisen, die grundsätzlich verboten sind und zwangsweise arbeits- oder sogar strafrechtliche Konsequenzen nach sich ziehen. Hier ist die Leitungskraft in der Verantwortung, die entsprechenden Schritte einzuleiten. Kinder haben das uneingeschränkte Recht auf körperliche und seelische Unversehrtheit.

zwingen
bewusste Verletzung der Aufsichtspflicht
bedrohen *schlagen*
küssen **einsperren**
beleidigen und bloßstellen
Berührungen im Intimbereich
Fotos von Kindern ins Internet stellen

Verhaltensweisen, die im Alltag leider immer wieder vorkommen, allerdings inakzeptabel sind, weil sie je nach Intensität und Dauer das Wohl und die Entwicklung von Kindern gefährden. Sie erfordern ein möglichst unmittelbares Feedback an den betreffenden Mitarbeiter oder die Mitarbeiterin durch die beobachtenden Kolleg:innen und die Leitung, eine Reflexion im Team und eine Meldung an das Landesjugendamt, wenn der Verdacht auf Kindeswohlgefährdung besteht. Kinder, die derartige Verhaltensweisen erfahren, haben ein Recht auf eine Entschuldigung!

abwertende Äußerungen über Herkunft, Familie oder Hautfarbe
negative Seiten eines Kindes hervorheben
herumschreien,
Wut an Kindern auslassen
Kinder überfordern
zerren und schubsen
weitermachen, wenn ein Kind „Stopp" sagt
bestimmte Kinder von Aktivitäten ausschließen
Kindern das Wort verbieten, nicht ausreden lassen
auslachen, Schadenfreude zeigen
bewusstes Wegschauen
Intimsphäre missachten
grundloses Verändern vereinbarter Regeln

Verhaltensweisen, die Kindern nicht immer gefallen, aber pädagogisch in bestimmten Alltagssituationen erforderlich sind. Kinder haben bei diesen Maßnahmen ein Recht auf eine angemessene Erklärung.

konsequent sein
klare und begründete Anweisungen geben
Grenzen aufzeigen
für Regeleinhaltung sorgen
Wiedergutmachung einfordern bei Regelverletzungen
altersgemäße Unterstützung bei der Körperpflege
altersgemäße Unterstützung beim An- und Ausziehen
eingreifen bei Unfallgefahr
Hilfe zu Selbsthilfe geben
professionelles Wickeln
Versorgung bei Verletzungen
Gefühle wie Trauer oder Wut zulassen

Quelle: unveröffentlichte Arbeitsmaterialien des PETZE-Instituts für Gewaltprävention, Kiel

10. Wenn es Schwierigkeiten gibt ...

Der Quereinstieg gelingt nur unter der Voraussetzung, dass die jeweiligen Personen sowohl ein Mindestmaß an pädagogischem Geschick mitbringen als auch in der Lage sind, kritisches Feedback anzunehmen und offen für Veränderung und Entwicklung sind. Das können die Beteiligten – sowohl die Kita als auch der/die Quereinsteiger:in – nicht immer bereits im Vorfeld erkennen: Möglicherweise sind die berufsspezifischen Besonderheiten des pädagogischen Arbeitsfelds nicht für alle Quereinsteiger:innen vorab erkennbar. Oder aber manche Quereinsteiger:innen schätzen ihre pädagogischen Möglichkeiten unzutreffend ein. Fakt ist: Nicht jede Person ist für die Arbeit in der Kindertagesstätte geeignet. Da Quereinsteiger:innen eingestellt werden, um das Team der einschlägig ausgebildeten pädagogischen Mitarbeitenden zu entlasten, muss diese Entlastung auch nach einiger Zeit spürbar eintreten oder sich zumindest perspektivisch abzeichnen. Leitungskräfte müssen sicherstellen, dass Quereinsteiger:innen sich der Verantwortung den Kindern gegenüber bewusst sind und durchweg entsprechend handeln. Werden von Kolleg:innen kritische Signale bezüglich der Arbeitsweise der Quereinsteiger:innen ausgesendet, müssen diese von den Leitungskräften ebenfalls ernst genommen und entsprechend nachverfolgt werden.

Sollten sich ernsthafte Probleme abzeichnen (vgl. Kap. II.9), Quereinsteiger:innen beispielsweise Erziehungsziele verfolgen, die sich mit der Konzeption der Einrichtung nicht vereinbaren lassen, sind Leitungskräfte gefordert, entsprechende Gespräche mit den Quereinsteiger:innen zu führen und gegebenenfalls das Arbeitsverhältnis noch in der Probezeit zu beenden.

Folgende Fragen helfen der Leitungskraft bei der Einschätzung. Werden sie überwiegend mit „nein" beantwortet, muss die pädagogische Eignung der/des Quereinsteigenden möglicherweise genauer überprüft werden.

- Übernimmt der/die Quereinsteiger:in die zugewiesenen Aufgaben vollumfänglich und selbstständig?
- Hat der/die Quereinsteiger:in eine wertschätzende Beziehung zu den Kindern aufgebaut?
- Ist der/die Quereinsteiger:in offen für kritisches Feedback und in der Lage, sein/ihr Verhalten entsprechend zu verändern?
- Bemerkt der/die Quereinsteiger:in eigene Grenzen und fordert dann aktiv Hilfe ein?
- Handelt der/die Quereinsteiger:in gegenüber Eltern und Kolleg:innen rollenklar?
- Zeigt der/die Quereinsteiger:in aktives Interesse an der eigenen Entwicklung?

Kündigungsgespräche zu führen ist in den meisten Fällen unangenehm. Bei Quereinsteiger:innen zerschlägt sich dadurch möglicherweise die neue berufliche Perspektive. Insofern ist es wichtig, Kündigungsgespräche authentisch hinsichtlich der geäußerten Kritik und wertschätzend gegenüber der Person zu führen. Es ist wichtig, dass sich die Leitungskraft sowohl auf konkrete Feedbackgespräche, die im Vorfeld geführt wurden, als auch auf die zu Beginn des Arbeitsverhältnisses besprochenen Erwartungen bezieht. Auch wenn nicht davon auszugehen ist, dass der/die Quereinsteigende die Notwendigkeit einer Kündigung einsieht, gebietet es die Fairness, die Gründe möglichst konkret und nachvollziehbar darzulegen. Allerdings darf nicht die Person abgewertet, sondern lediglich das Verhalten, das zur Kündigung geführt hat, kritisiert werden. Dass sich der/die Quereinsteiger:in eventuell dennoch abgewertet fühlt, lässt sich möglicherweise nicht ganz verhindern.

Sollte der/die Quereinsteiger:in keinerlei Eignung mitbringen, bleibt nur die Kündigung.

III. Die Perspektive des/der Quereinsteigenden einnehmen

1. Was Quereinsteiger:innen leisten

Um Quereinsteiger:innen gut begleiten zu können, ist es für Leitungskräfte und Teammitglieder hilfreich, einen Perspektivwechsel vorzunehmen und sich in die Situation von Quereinsteiger:innen einzufühlen. Diese sind mutig und motiviert, denn sie öffnen sich für ein neues Berufsfeld und werden in der Regel nur durch eine kurze Weiterbildung auf ihre neue Arbeit vorbereitet. Allerdings hatten sie vermutlich kaum Möglichkeiten, im Vorfeld zu überprüfen, inwiefern ihre Vorstellungen tatsächlich der Realität entsprechen. Auch wenn es ihnen nicht bewusst ist, bringen sie ihr eigenes Bild vom Kind sowie persönliche Ideen von Erziehung und Bildung mit in die Kita. Diese Vorstellungen sind aber nicht durch eine fundierte Ausbildung abgesichert. Quereinsteiger:innen werden also möglicherweise in der Praxis auf Wertvorstellungen sowie Entwicklungs- und Erziehungsziele treffen, die sich deutlich von ihren eigenen unterscheiden. Zugleich sind sie vermutlich kaum darin geübt, ihr Verhalten differenziert zu reflektieren, und verfügen auch kaum über einen gut gefüllten Methodenkoffer. Eine Ausgangslage, die hohe Anforderungen an die Persönlichkeit der Quereinsteiger:innen stellt. Sie müssen in kurzer Zeit lernen,

- sich in unübersichtlichen Situationen zu orientieren,
- ihre spontanen Reaktionen rückblickend kritisch zu reflektieren,
- ihre Rolle im Gesamtgefüge der Einrichtung zu finden,
- angemessen auf die verschiedenen Kinder zu reagieren,
- ein Gespür für Situationen entwickeln,
- die Gruppenregeln kennenlernen und anwenden.

Sie müssen außerdem ihre Haltung und ihre Vorstellung von Erziehung neu justieren und sich auf die kollegialen Gepflogenheiten im Team einstellen. Keine leichte Aufgabe, für die es weder eine Gebrauchsanweisung noch ein Handbuch zum Nachlesen gibt. Außerdem gibt es in der Kita – wie in allen sozialen Systemen – neben den bewussten Regeln, die jeder Mitarbeitende unmittelbar benennen kann, eine ganze Reihe ungeschriebener Regeln, die die Kultur in der Einrichtung prägen.

Das Gefühl, fremd zu sein

Damit auch das „alteingessene" Team nachvollziehen kann, welchen immensen Herausforderungen sich Quereinsteiger:innen stellen, indem sie in eine neue, fremde Berufs- und Teamkultur eintauchen, kann die Leitungskraft mit allen gemeinsam das Spiel „Baranga" spielen (vgl. Funcke/Braemer 2022, S. 116–119).

Zubehör

Teilnehmende: 9 bis 30 Personen, die Gruppen zu je 3 bis 5 Mitspielenden bilden
Material: pro Gruppe ein Skat-Spiel, ein eigener Tisch, ein Blatt mit Spielregeln
Witz des Spiels: Die Spielregeln für die verschiedenen Tische sind unterschiedlich, was die Teilnehmenden aber nicht wissen!

Spielverlauf

Phase 1: Jede Gruppe macht sich mit den Spielregeln (s. unten) vertraut und spielt das Spiel etwa 10 Minuten lang durch, bis die Regeln verinnerlicht sind. Gewinne werden notiert. Dann werden die Spielregeln von den Tischen entfernt.

Quereinsteigende müssen in kurzer Zeit viele Anforderungen bewältigen.

Phase 2: Die Teilnehmenden dürfen ab jetzt nicht mehr sprechen und spielen 1–2 Runden schweigend.
Phase 3: Wer in Phase 1 und 2 am häufigsten gewonnen hat, wechselt jetzt an einen neuen Tisch und spielt dort weiter. Es herrscht weiterhin Sprechverbot!
Phase 4 ist optional: Die jeweiligen Gewinner:innen wechseln erneut den Tisch.

Spielregeln

für alle Tische gilt: Jede Person bekommt 5 Karten, der Rest wird als Stapel verdeckt in der Mitte platziert. Die oberste Karte wird offen danebengelegt. Das Ziel: möglichst schnell alle Karten loswerden. Wer das zuerst schafft, hat gewonnen. Reihum wird jeweils eine Karte gespielt. Bedient wird die Farbe oder der Wert der Karte, die obenauf liegt. Auf eine Karo 8 muss also entweder eine Karo-Karte oder eine 8 gelegt werden – Ausnahme: für die jeweilige Karte gibt es eine Sonderregelung. Wer keine passende Karte besitzt, muss eine vom Stapel ziehen. Wer seine vorletzte Karte legt, sagt laut „Baranga", um die anderen zu warnen. Wer das vergisst, muss zwei Strafkarten ziehen.

Neue Tätigkeiten mit neuen Kolleg:innen an neuem Arbeitsplatz: Da kann einem schon mal mulmig werden!

Sonderregeln für Tisch 1:

1. Bei 8er-Karten muss der/die Nächste 2 Karten aufnehmen und darf selbst keine ablegen. Es sei denn, er/sie kontert mit einer weiteren 8, dann nimmt der/die Nächste 4 Karten auf.
2. Bei 7er-Karten setzt der/die Nächste eine Runde aus.
3. Buben dürfen immer gespielt werden, danach gilt die Farbe des Buben.
4. Beim Herz-König zieht der/die Nächste 3 Karten und darf auch nicht mit einem eigenen König kontern.

Sonderregeln für Tisch 2:

1. Bei 10er-Karten muss der/die Nächste 2 Karten aufnehmen und darf selbst keine ablegen. Es sei denn, er/sie kontert mit einer weiteren 10, dann nimmt der/die Nächste 4 Karten auf.
2. Bei 9er-Karten setzt der/die Nächste eine Runde aus.
3. Damen dürfen immer gespielt werden, danach gilt die Farbe der Dame.
4. Beim Pik-König zieht der/die Nächste 3 Karten und darf auch nicht mit einem eigenen König kontern.

Sonderregeln für Tisch 3:

1. Bei 9er-Karten muss der/die Nächste 2 Karten aufnehmen und darf selbst keine ablegen. Es sei denn, er/sie kontert mit einer weiteren 9, dann nimmt der/die Nächste 4 Karten auf.
2. Bei Buben setzt der/die Nächste eine Runde aus.
3. 7er-Karten dürfen immer gespielt werden, danach gilt die Farbe der 7er-Karte.
4. Beim Karo-König zieht der/die Nächste 3 Karten und darf auch nicht mit einem eigenen König kontern.

Auswertung im Plenum

- **Beschreibung:** Was ist an den jeweiligen Tischen passiert? Wie schnell und wodurch habt ihr erkannt, was die Ursache der Verwirrung war?
- **Wirkung:** Welche Emotionen waren im Spiel und wodurch wurden sie ausgelöst? Was hätte geholfen, was hätte die Situation verschlimmert?
- **Strategie:** Wie seid ihr mit der Situation umgegangen, was habt ihr versucht, um das Problem zu lösen?
- **Transfer zur Praxis:** Was bedeutet diese Erfahrung für die aktuelle Situation in unserer Einrichtung? Welche Schlussfolgerungen lassen sich beispielsweise für die Integration von Quereinsteiger:innen aus dieser Erfahrung ziehen?

2. Hilfreiche Persönlichkeitseigenschaften

Neben theoretischem und methodischem Wissen haben entsprechende Persönlichkeitseigenschaften im pädagogischen Kontext eine besondere Bedeutung. Sie sind Voraussetzung, um in diesem Arbeitsfeld verantwortungsvoll den Kindern gegenüber arbeiten zu können. Quereinsteiger:innen werden nicht

Sich auf Neues einlassen können ist nur einer von vielen Persönlichkeitsaspekten.

Passende Persönlichkeitsmerkmale für das Arbeitsfeld Kita

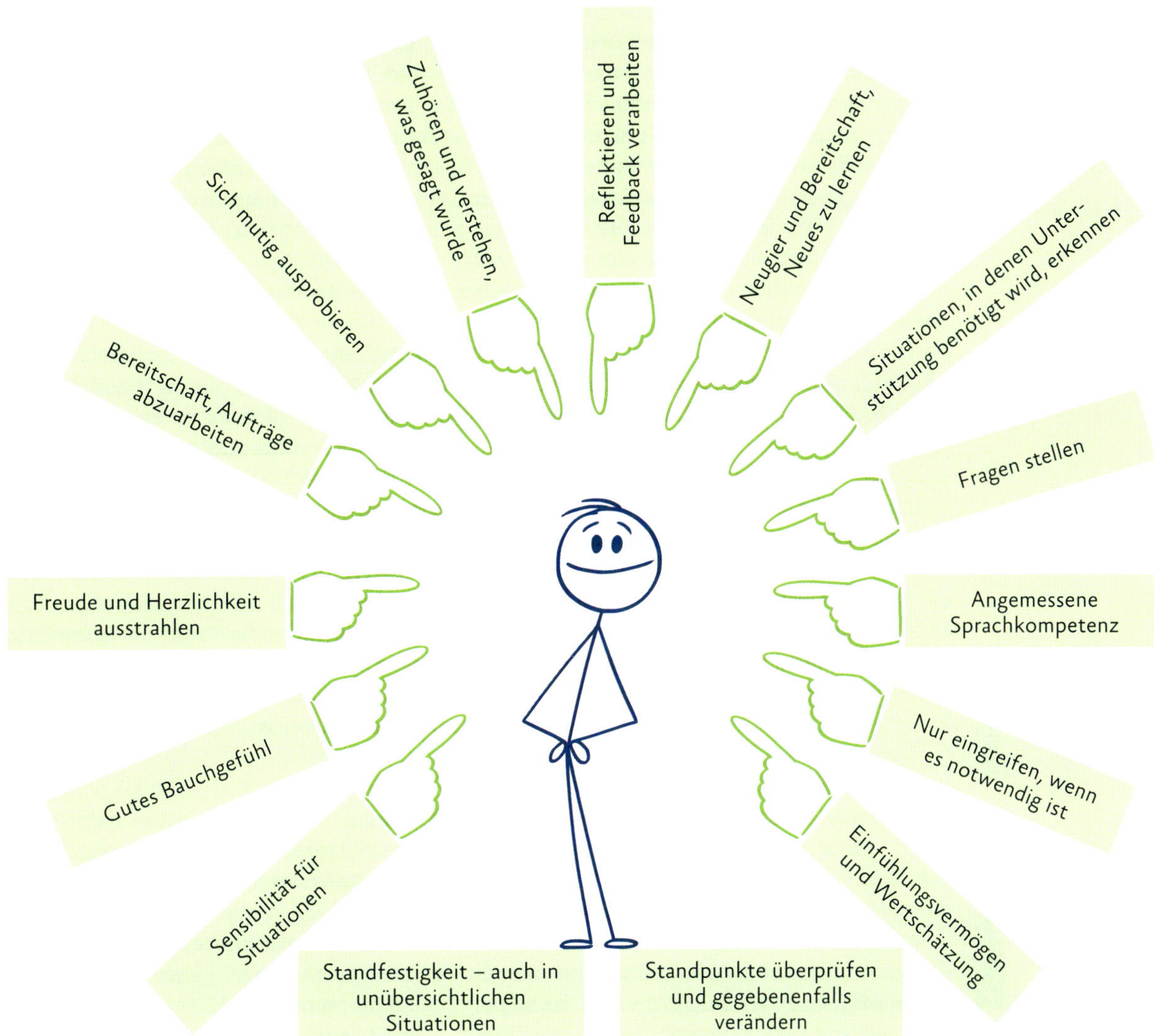

als Praktikant:innen eingestellt, sondern als Mitarbeiter:innen, von denen nach einer kurzen Einarbeitungszeit erwartet wird, dass sie die ihnen zugewiesenen Aufgaben verantwortungsvoll und selbstständig übernehmen. Zugleich ist es für die Arbeit mit Kindern vom ersten Tag an unerlässlich, eine wertschätzende und einfühlsame Grundhaltung einnehmen zu können. Es ist also notwendig, dass Quereinsteiger:innen mit bestimmten Persönlichkeitseigenschaften ausgestattet sind, damit sie möglichst schnell in ihrem neuen Arbeitsfeld Fuß fassen können. Die in der Grafik (s. oben) dargestellten Aspekte erheben keinen Anspruch auf Vollständigkeit. Es sind Eigenschaften, die den Einstieg in dieses neue Arbeitsfeld erleichtern, wie etwa Reflexionsvermögen, Neugier, Einfühlungsvermögen, verlässliches Bauchgefühl, wertschätzendes Verhalten, Standfestigkeit, Lernbereitschaft, Sprachkompetenz. Die Auflistung können Leitungskräfte nutzen, um bereits im Einstellungsgespräch auf entsprechende Persönlichkeitsaspekte zu achten, aber auch, um Reflexions- und Feedbackgespräche mit dem/der Quereinsteiger:in zu führen.

3. Talente und Entwicklungsmöglichkeiten entdecken

Quereinsteiger:innen bringen neben ihrer Lebenserfahrung oft auch langjährige berufliche Erfahrungen und entsprechende Kompetenzen aus anderen Arbeitsfeldern mit. Das ist eine solide Basis, auf die sich aufsatteln lässt. Nun lassen sich die für das pädagogische Arbeitsfeld erforderlichen Kompetenzen nicht so leicht auflisten. Insofern empfehlen wir den Leitungskräften und Mentor:innen, sich an den folgenden vier Schwerpunkten zu orientieren (vgl. Marona-Glock/Höhl-Spenceley 2007):

- „Ich als Person"
- „Ich und du"
- „Ich im System"
- „Ich und mein Methodenkoffer"

Kompetenz- und Entwicklungskreis

Die vier Aspekte lassen sich so ausdifferenzieren, dass sowohl die bereits zur Verfügung stehenden Kompetenzen als auch weitere, notwendige Entwicklungsschwerpunkte ausfindig gemacht werden können. Der Kompetenz- und Entwicklungskreis dient einerseits der Selbstreflexion, der/die Quereinsteiger:in füllt ihn allein aus. Es kann ebenfalls ertragreich sein, den Kreis gemeinsam mit einer/einem Kolleg:in oder Mentor:in auszufüllen, da so der/die Quereinsteiger:in Selbst- und Fremdbild abgleichen kann. Zusätzlich kann der/die Kolleg:in oder Mentor:in dann unmittelbar erläutern, woran ersichtlich ist, dass die jeweilige Kompetenz tatsächlich zur Verfügung steht.

„Ich als Person"-Kompetenzen

(vgl. Marona-Glock/Höhl-Spenceley 2007)

- Ich bin in der Lage, den Kindern vorurteilsfrei, wertschätzend und grenzachtend zu begegnen. [1]
- Ich bin mir meiner biografischen Prägungen bewusst und habe mich mit meiner eigenen Biografie kritisch auseinandergesetzt (vgl. Kap. V.3). Mir ist bewusst, dass mein Verhalten von eigenen biografischen Erfahrungen und Erlebnissen beeinflusst werden kann, und ich erkenne, wenn es zu entsprechenden Übertragungsreaktionen kommt. [2]

„Das macht mich aus!"

- Ich bin in der Lage, in unübersichtlichen Situationen oder bei herausforderndem Verhalten von Kindern innerlich ruhig zu bleiben und mein Verhalten situationsangemessen zu steuern. [3]
- Ich kenne meine Grenzen und bin in der Lage, mich in schwierigen Situationen so zu verhalten, dass ich allgemeine pädagogisch-ethische Grundsätze achte. Ich bemerke rechtzeitig, wenn ich Hilfe und Unterstützung benötige, kümmere mich gegebenenfalls aktiv darum und nehme Unterstützung an. [4]
- Ich bin in der Lage, mein eigenes Verhalten im Kontakt mit Kindern differenziert zu reflektieren. [5]
- Ich erkenne den Zusammenhang zwischen meinen Interaktionsangeboten und den Reaktionen der Kinder. [6]
- Ich kann die für mich wesentlichen Werte benennen und kann beschreiben, wie sie sich in meiner Arbeit mit den Kindern zeigen. [7]
- Ich bin mir meiner Kompetenzen bewusst und nutze sie im Alltag. [8]
- Ich bin in der Lage, spontane Impulse zu kontrollieren und zu überprüfen, ob sie zu meiner Rolle und meinem Auftrag passen. [9]
- Ich habe Humor und kann diesen auch in schwierigen Situationen nutzen, um diese zu entspannen. [10]

„Ich und du"-Kompetenzen

- Ich bin in der Lage, Kontakt zu Kindern aufzunehmen. [1]
- Ich bin in der Lage, Kontaktangebote der Kinder angemessen zu beantworten. [2]
- Ich bin in der Lage zu erkennen, wenn Kinder Unterstützung durch ausgebildete Kolleg:innen benötigen. [3]
- Ich bin in der Lage, ein angemessenes Verhältnis von Nähe und Distanz zu Kindern und zu Eltern aufrechtzuerhalten. [4]

„So gehe ich mit anderen um."

- Ich bin in der Lage, gruppendynamische Aspekte wahrzunehmen und mein Handeln an die jeweiligen Bedarfe anzupassen. [5]
- Ich bin in der Lage zu unterscheiden, wann ein Kind Unterstützung benötigt und wann es ermutigt werden sollte, Herausforderungen selbstständig zu meistern. [6]
- Ich bin mir meiner Aufgaben und der damit zusammenhängenden Rolle bewusst und bereit, in diesem Rahmen zu handeln. [7]
- Ich bin in der Lage, sowohl positives als auch negatives Feedback anzunehmen. [8]
- Ich bin in der Lage, kritisches Feedback angemessen auszudrücken. [9]
- Ich bin in der Lage, mich im Konfliktfall in die gegnerische Position einzudenken, ohne „automatisch" die eigene Position aufzugeben. [10]

„Ich im System"-Kompetenzen

- Ich habe ein Gespür dafür, welche Rolle ich selbst einnehme und welche Erwartungen an mein Verhalten damit verknüpft sind. [1]
- Ich nehme aktiv an Besprechungen und Teamtagen teil. [2]
- Ich halte mich an Absprachen und setze Aufgaben zuverlässig um. [3]
- Ich gebe Informationen weiter und frage nach, wenn ich etwas nicht verstanden habe. [4]
- Ich verhalte mich loyal gegenüber meinen Arbeitskolleg:innen und Vorgesetzten. (Wir stehen füreinander ein.) [5]
- Ich bin in der Lage, meine eigenen Interessen auf konstruktive Weise mit den Erfordernissen im Team abzugleichen. [6]
- Ich habe eine Vorstellung davon, unter welchen sozialen Bedingungen die Kinder meiner Einrichtung aufwachsen, und beziehe diese Kenntnis in meine Arbeit mit den Kindern ein. [7]
- Ich trage aktiv zu einer konstruktiven, vertrauensvollen und dadurch positiven Atmosphäre im Team bei. [8]

„So füge ich mich ein!"

- Ich kenne die notwendigen rechtlichen Grundlagen, wie beispielsweise die Aufsichtspflicht, und beachte diese. [9]
- Ich kenne das Schutzkonzept der Einrichtung und bin bereit, mich an den Verhaltenskodex für grenzachtenden Umgang zu halten. [10]

„Ich und mein Methodenkoffer"-Kompetenzen

- Ich kenne einige Methoden und traue mich, diese eigenverantwortlich anzuwenden. [1]
- Ich bin in der Lage, mir neue Methoden anzueignen, und traue mich, diese auszuprobieren, wenn ich dazu einen entsprechenden Auftrag bekomme. [2]
- Ich beobachte das methodische Vorgehen der Kolleg:innen und traue mich, dieses „nachzuahmen". [3]
- Ich bin in der Lage, mein methodisches Vorgehen zu reflektieren und gegebenenfalls Alternativen zu erarbeiten. [4]
- Ausgehend von meinen methodischen „Lieblingsbereichen" (Musik, Kunst, Handwerk, Vorlesen ...) erarbeite ich mir methodisches Wissen in anderen Bereichen. [5]
- Ich bin in der Lage, meine methodischen Angebote an die Interessen der Kinder anzupassen. [6]
- Ich bin in der Lage, Impulse der Kinder aufzugreifen und entsprechende Angebote zu entwickeln. [7]
- Ich bin in der Lage, mich mit Unterstützungsangeboten zurückzuhalten, und erkenne, wenn Kinder wirklich Unterstützung benötigen. [8]
- Ich bin in der Lage, methodische Angebote so vorzubereiten, dass Kinder eigeninitiativ und kreativ ihre Ideen und Umsetzungsstrategien einbringen können. [9]
- Ich bin in der Lage, mich zurückzunehmen und eher beobachtend das Spiel der Kinder zu begleiten. [10]

„Das sind meine Tools."

Der Kompetenz- und Entwicklungskreis (s. Kopiervorlage S. 32) setzt sich aus vier Quadranten zusammen, die wiederum die vier Kompetenzbereiche abbilden.

Jede der oben aufgeführten Kompetenzen lässt sich einem Feld zuordnen. Wichtig: Die Auflistung stellt keine Hierarchie dar, die Zahlen dienen lediglich der Orientierung.

Kopiervorlage: Kompetenz- und Entwicklungskreis

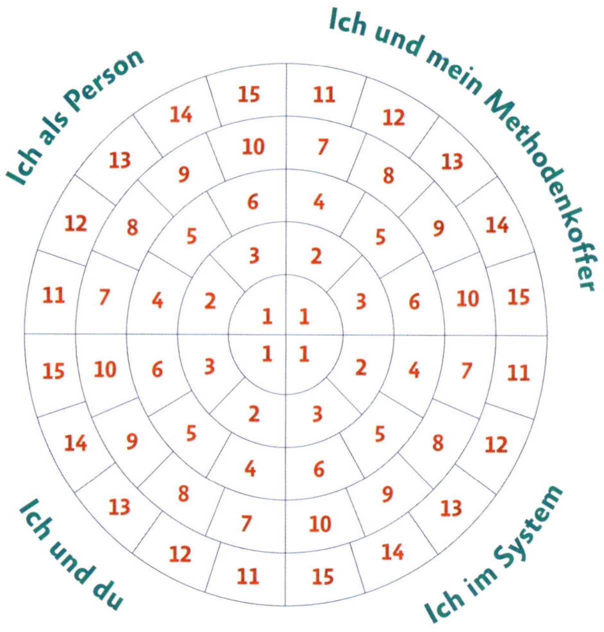

Der/die Quereinsteiger:in kann die Felder je nach bereits erworbener Kompetenz unterschiedlich einfärben:

- Feld bleibt weiß: Die entsprechende Kompetenz ist noch nicht beobachtbar.
- Hellgelb: Die betreffende Kompetenz steht (ansatzweise) zur Verfügung.
- Blau: Die Kompetenz steht auch unter Stress oder in pädagogisch herausfordernden Situationen zur Verfügung.

Die Intuition hat einen großen Anteil am pädagogischen Handeln.

Da die konkreten Anforderungen je nach Einrichtung variieren, hat die Leitungskraft die Möglichkeit, jedem Quadranten fünf weitere, einrichtungsspezifische Kompetenzen hinzuzufügen (jeweils die Felder [11] bis [15]).

4. Die Intuition weiterentwickeln

Der pädagogische Alltag fordert von allen Mitarbeiter:innen immer wieder unmittelbares und situationsangepasstes Verhalten. Wenn beispielsweise zwei Kinder beginnen, sich zu schlagen, können pädagogische Mitarbeiter:innen nicht lange überlegen. Sie müssen sofort entscheiden, ob und wenn ja, wie sie eingreifen. Pädagogische Fachkräfte können im Alltag die vielen unterschiedlichen Signale der Kinder auch nicht erst sortieren und dann sauber nacheinander abarbeiten. Bei 20 Kindern in einer Gruppe gilt es, den Überblick zu behalten. Das bewusste Denken des Menschen ist aber sowohl mit der notwendigen Schnelligkeit der Reaktion als auch mit der Fülle der gleichzeitig eingehenden Informationen überfordert. Wesentlich bessere Dienste kann da die Intuition leisten. Sie speist sich aus einem eher unbewusst arbeitenden System des Gehirns, das in der Lage ist, viele unterschiedliche Reize parallel zu verarbeiten. Dabei greift es auf unterschiedliche Vorerfahrungen zurück und vernetzt diese in blitzartiger Geschwindigkeit miteinander. Das berühmte „Bauchgefühl" steuert dann das Verhalten – und dazu gibt es in vielen Situationen keine Alternative.

Das intuitive Handeln zeugt von vielfältigen, oft unbewussten und sehr individuellen beruflich und biografisch geprägten Vorerfahrungen. Nun greifen Quereinsteiger:innen verständlicherweise auf ganz andere Vorerfahrungen zurück als pädagogische Mitarbeiter:innen mit langjähriger Berufserfahrung. Genauso wie alle pädagogischen Mitarbeiter:innen sind auch Quereinsteiger:innen aufgefordert, ihre Intuition weiterzuentwickeln bzw. anzupassen. Wenn der Zugriff auf die Intuition aber weitgehend unbewusst geschieht, wie kann dann aktiv an der Entwicklung der Intuition gearbeitet werden?

Feedback und (Selbst-)Reflexion sind in besonderer Weise geeignet, die Intuition so anzureichern, dass sie nach und nach professionelle Lösungen für pädagogische Soforthandlungen liefert. Die folgenden drei Aspekte erscheinen in diesem Zusammenhang besonders wichtig:

- differenzierte, gegebenenfalls selbstkritische Reflexion der Erfahrungen;
- Annehmen und Verarbeiten von kritischem Feedback;
- Annehmen und Verarbeiten von positivem Feedback.

Für die Verarbeitung von Kritik ist es zunächst gleichgültig, ob die Kritik von außen in Form eines Feedbacks an eine Person herangetragen wird, oder ob diese selbst bemerkt, dass Verhaltensweisen nicht ihrem eigenen Anspruch genügen. In beiden Fällen entsteht vermutlich eine eher negativ gefärbte Gefühlslage.

Selbstreflexion bedeutet, Kritik zu verstehen und anzuerkennen sowie Handlungsalternativen zu entwickeln.

Wenn eine Kritik die Intuition, also die Wissensstruktur des Erfahrungsgedächtnisses, mit professionellem Anspruch anreichern soll, muss man das negative Gefühl so lange aushalten, bis man den Kritikpunkt genau verstanden, als berechtigt anerkannt und reflektiert hat und sodann integrieren kann. Günstig wirkt es sich aus, wenn dann am Ende der Reflexion Handlungsalternativen entwickelt werden.

Im Anschluss an eine derartige Analyse sinkt die reflektierte Erfahrung in den unbewusst arbeitenden Persönlichkeitsteil ab. Das intuitiv zugängliche Verhaltensrepertoire wächst auf diese Weise stetig weiter an.

Warum heben wir als dritten Punkt das Annehmen von positivem Feedback heraus? In unseren Weiterbildungen zeigt sich immer wieder, dass Teilnehmende Erfolge gar nicht eigenen Kompetenzen zuschreiben, sondern sie als Zufall, Glück oder als Ergebnis nicht beeinflussbarer äußerer Umstände deuten.

Diese eher zurückhaltende Einstellung der eigenen Wirksamkeit gegenüber ist insofern fatal, als sie psychologisch betrachtet mit einer Abwertung oder gar Leugnung eigener Kompetenzen einhergeht. Nur wer sich für die Erfolge seines Handelns selbst verantwortlich fühlt, kann Verhaltensweisen im eigenen Erfahrungsgedächtnis als sinnvoll und somit wiederholbar abspeichern. Insofern behindert das Abwehren von positivem Feedback und Lob im schlimmsten Fall ein wünschenswertes Selbstwachstum. Freude über und Stolz auf eigene Erfolge hingegen öffnen den Zugang zur Intuition. Insofern reichern auch bewusst wahrgenommene Erfolge die eigene Intuition weiter an.

IV. Das Team auf den/die Quereinsteiger:in einstimmen

1. Quereinsteiger:innen – für alle ein Gewinn?

Teams reagieren nach unserer Beobachtung sehr unterschiedlich auf die Flexibilisierung des Fachkräftekataloges. Manche Fachkräfte sind froh, dass sie Unterstützung bekommen und einfache Arbeiten delegieren können, selbst dann, wenn sie nach wie vor die Verantwortung allein tragen müssen. Mario sagt: „Doch, es ist gut, dass wir eine Quereinsteigerin haben. In manchen Situationen ist es wirklich entlastend, dass noch zwei Augen mehr hinschauen.“ In einer anderen Einrichtung ist die Leitungskraft erleichtert darüber, dass sie die Quereinsteigerin als Springkraft einsetzen kann, was insbesondere in den Randzeiten für Entspannung sorgt.

Fallbeispiel
Sabrina ist Gruppenleiterin und berichtet von ihren Erfahrungen mit Quereinsteigerin Katja : „Bei uns ist es immer wieder zu Irritationen zwischen Katja und mir gekommen, weil Katja mich eins zu eins imitiert hat. Aber was in der

einen Situation richtig erscheint, passt in der nächsten Situation gar nicht. Wir haben zum Beispiel ein Kind, das sich sehr leicht ablenken lässt. Es benötigt immer wieder kleine Hinweise wie: ‚Jetzt schmier' bitte dein Brot', oder ‚Jetzt kannst du noch mal abbeißen'. Katja hat das übernommen und allen Kindern immer wieder kleine Anweisungen gegeben. Wenn Kinder dann genervt reagiert haben, hat sie das auf sich bezogen und daraus abgeleitet, dass die Kinder sie nicht mögen. In einem unserer vielen Reflexionsgespräche erkannte sie aber den Zusammenhang zwischen ihrem Verhalten und der Reaktion der Kinder. Sie hat in der Folge auf die Anweisungen verzichtet und die Beziehung zu den Kindern wurde schlagartig wieder besser. Mich haben solche Situationen angeregt, mein eigenes Handeln viel differenzierter zu beobachten und zu reflektieren. Ich habe mich gefragt, was Katja bei mir eigentlich beobachten kann? Ich bin schließlich dazu übergegangen, mein Handeln klar, kurz und prägnant zu begründen, sodass Katja die Chance hatte zu verstehen, warum ich in der einen Situation so und in einer anderen ganz anders handle. Das hatte für mich den positiven Effekt, dass ich mich darin geübt habe, mein Handeln genau zu begründen. Das ist gar nicht immer einfach."

Trotz der vielfach positiven Berichte aus der Praxis über die Zusammenarbeit mit Quereinsteiger:innen darf nicht verschwiegen werden, dass viele Teams zunächst mit berechtigter Abwehr reagieren, wenn sie erfahren, dass der Fachkräftemangel durch die Einstellung von Quereinsteiger:innen behoben werden soll.

Fallbeispiel

Jasmin bringt diese Reaktion so auf den Punkt: „Ich bin schon eine gefühlte Ewigkeit allein für die Gruppe verantwortlich. Jetzt soll eine Quereinsteigerin kommen. Da bleibt die Verantwortung doch wieder nur an mir hängen. Zusätzlich muss ich jetzt überlegen, welche Aufgaben ich ihr zuschustere. Dann muss sie eingearbeitet werden und bestimmt hat sie zig Fragen. Das ist eigentlich erst mal wie bei einer Praktikantin, nur dass ich bei der Neuen keine Stunden für die Anleitung bekomme. Gewünscht hätte ich mir eine voll ausgebildete Kollegin, mit der ich endlich gleichwertig den Gruppenalltag angehen kann."

Jasmins Wunsch ist absolut nachvollziehbar. Sie wird keinen ernsthaften Gewinn daraus ziehen können, solange sie den Gruppenalltag mit der Quereinsteigerin ganz allein meistern muss. Hier müssen Leitungskräfte nicht nur Verständnis signalisieren, sondern gemeinsam mit betroffenen Kolleg:innen nach konkreten Entlastungsmöglichkeiten suchen. Die Leitungskraft könnte einem/einer Mitarbeiter:in explizit die Mentorenrolle für den/die Quereinsteiger:in zuweisen und ihm/ihr dafür einen entsprechenden Zeitausgleich verschaffen (vgl. Kap. IV.4). Eine eher unkonventionelle, aber bei guter pädagogischer Begleitung ebenfalls denkbare Entlastungsmöglichkeit besteht darin, dass Kinder, die eine erhöhte Aufmerksamkeit der Erwachsenen benötigen, die Gruppe wechseln, sodass die pädagogischen Herausforderungen insgesamt etwas abgemildert werden. Fachberatungen können dabei helfen, einzelne Mitarbeiter:innen zu unterstützen, Teamentwicklungsmaßnahmen anzubieten oder Mentor:innen auszubilden. Auf jeden Fall muss die Leitungskraft dafür sorgen, dass dieses grundsätzlich strukturelle Problem nicht auf dem Rücken der einzelnen Mitarbeitenden ausgetragen wird. Andernfalls ist damit zu rechnen, dass die Motivation der gut ausgebildeten Fachkräfte durch die Einstellung von Quereinsteiger:innen abnimmt.

Vor Ort lässt sich vermutlich eine ganze Reihe weiterer Ideen entwickeln, wie eine konkrete Erleichterung des Alltags aussehen könnte. Voraussetzung ist eine offene Gesprächskultur, in der das Gefühl der Überforderung oder des „Allein-gelassen-Werdens" offen angesprochen werden darf. Leitungskräfte und ihre Teams sind gemeinschaftlich gefragt, mutig und kreativ nach neuen Lösungen zu suchen, etwa mit der Methode des Ideenkorbs (s. Kasten S. 36).

Teamentwicklungsmaßnahmen helfen, die Akzeptanz für den/die Quereinsteiger:in zu erhöhen.

Ideenkorb

Der Ideenkorb ist ein Brainstorming-Verfahren, bei dem alle Teilnehmenden ihre Ideen zur Lösung der jeweiligen Problemstellung in einen imaginären Korb legen. Jeder Gedanke ist erlaubt, die Umsetzbarkeit spielt zunächst keine Rolle, auch unkonventionelle Vorschläge sind willkommen. Allerdings müssen alle Ideen zweifelsfrei lösungs- und ressourcenorientiert sein. Das Ziel eines Ideenkorbes ist es, das kreative Potenzial unterschiedlicher Personen zu nutzen, um Einfälle zu generieren, auf die eine Person allein nicht kommen würde. Je mehr Ideen – sie alle werden schriftlich festgehalten – zusammenkommen, desto besser!

Der/die Fallgeber:in hört den Teilnehmenden zu und beobachtet sich dabei selbst:

- Welche Ideen lassen mich lächeln?
- Bei welchen Ideen steigt meine Stimmung?
- Welche Ideen führen zu einem körperlich wahrnehmbaren Gefühl der Entspannung bei mir?

Bei der Auswertung der Ideen wählt der/die Fallgeber:in diejenigen Ideen aus, die sich durch ein uneingeschränkt gutes Gefühl auszeichnen. Insbesondere Körpersignale wie tiefes Einatmen oder ein sich spontan einstellendes Entspannungsgefühl liefern Hinweise, welche Ideen genauer verfolgt werden sollten. Die „besten" Ideen werden ausgewählt. Alle überlegen abschließend gemeinsam, welche konkreten Umsetzungsmöglichkeiten sich daraus ergeben (vgl. Storch et al. 2022, S. 242).

2. Die Sprungbrettrede: das Team mitnehmen

Die Einstellung von Quereinsteiger:innen fordert das gesamte Team. Insofern sollte es auch von Beginn an mit einbezogen werden. Wie das gelingen kann, zeigt das folgende Fallbeispiel.

Fallbeispiel

Johanna leitet eine 5-gruppige Kindertagesstätte in einer Kleinstadt im Norden von Deutschland. Sie hat in ihrer Einrichtung zwei Stellen für Erzieher:innen ausgeschrieben – und es gibt keine einzige Bewerbung. Stattdessen meldet sich die Mutter eines Kindes, sie habe gelesen, dass jetzt auch Quereinsteiger:innen in Kitas arbeiten dürften, sie sei in ihrem Beruf als Bürokauffrau unzufrieden und würde gerne wechseln. Rechtlich spricht nichts dagegen, sie einzustellen.

Johanna fürchtet aber, dass sie sich vor ihrem Team unglaubwürdig macht, nachdem sie immer so viel Wert auf Fortbildungen und fachliche Qualität gelegt hat. Wäre es nicht besser, die Öffnungszeiten zu reduzieren oder pädagogische Angebote herunterzufahren, als ungelernten Mitarbeiter:innen die Tür zu öffnen? Zugleich ist sie sich sicher, dass sich die Bewerberlage in den nächsten Jahren kaum verbessern wird, zumal die nahe gelegene Fachschule ebenfalls über Lehrermangel klagt und eine Klasse weniger als üblich eingeschult hat. Johanna entschließt sich, die Mutter des Kindes einzustellen. Aber wie soll sie diesen Entschluss ihrem Team vermitteln und es von der Richtigkeit des Entschlusses überzeugen? Johanna entschließt sich, das Team durch eine „Sprungbrettrede" auf die Ankunft der Quereinsteigerin vorzubereiten.

Sprungbrettreden entfalten nur dann eine Wirkung, wenn sie genau zur Situation passen und die kulturellen Besonderheiten der jeweiligen Einrichtung berücksichtigen. Die Ansprache der Leitungskraft muss verdeutlichen,

- warum die eigene Einrichtung auf Quereinsteiger:innen angewiesen ist,
- welche Hoffnungen sie und/oder der Träger mit dem Einsatz von Quereinsteiger:innen verbindet, was dadurch leichter bzw. besser wird,
- wie die Quereinsteiger:innen eingesetzt werden und wie die Einarbeitungsphase gestaltet werden soll,
- welche Aufgaben auf die einschlägig ausgebildeten Teammitglieder zukommen.

Eine Sprungbrettrede wird die Zuhörer:innen überzeugen, wenn

- sie einfach formuliert ist,
- sie eine eindeutige Botschaft vermittelt,
- sie emotionale Momente beinhaltet (Befürchtungen oder Ärger dürfen ebenfalls thematisiert werden),
- sie authentisch vorgetragen wird,
- alle Botschaften glaubwürdig sind,
- sie überraschende Momente bietet (eine Geschichte, ein Bild oder ein Cartoon sorgen für Abwechslung),
- die Leitungskraft im Alltag immer wieder auf die Botschaften aus der Sprungbrettrede verweist (vgl. Dollinger, S. 2–3).

Johannas Sprungbrettrede

Liebe Leute, wir müssen nach neuen Lösungen suchen! Gestern Morgen habe ich ewig damit zugebracht, den Dienstplan für den nächsten Tag auszuarbeiten. Zwei Mitarbeiterinnen können morgen nicht in ihren Gruppen arbeiten, weil wir zu viele Krankmeldungen haben. Letzte Woche musste der Besuch bei der Feuerwehr ausfallen, weil wir nicht genug Personal hatten. Es hat mir fast das Herz gebrochen, als Elias und Leonie, die Gruppensprecher der Froschgruppe, bei mir im Büro auftauchten. Sie haben sich im Namen aller Kinder beschwert. Da haben sie sich tagelang Bücher über die Feuerwehr angeschaut, ein Feuerwehrlied eingeübt und sich Fragen überlegt, die sie den Feuerwehrleuten stellen wollten – und jetzt wird nichts draus! Dann knallten sie mir den Stapel mit Bildern auf den Tisch, die sie für die Feuerwehrleute gemalt hatten.

Als ich gestern den Dienstplan endlich fertig hatte, öffnete sich die Tür und die Mutter von Jesse S. kam rein. Frau S. meinte, sie habe gehört, dass jetzt auch Personen ohne Ausbildung in der Kita arbeiten dürften. Sie würde das gern machen. Sie hätte schon lange keine Lust mehr auf Büro-Arbeit.

Ich möchte die Mutter von Jesse gerne einstellen. Sie muss an einer kleinen Fortbildung teilnehmen, die unser Träger für Quereinsteiger:innen anbietet. Dann werde ich gemeinsam mit Sabrina (stellvertretende Leitung) überlegen, wie wir Frau S. am sinnvollsten einsetzen. Das Ziel ist, dass wir dadurch alle spürbar entlastet werden. Damit wir zum Beispiel gut vorbereitete Ausflüge nicht mehr absagen oder aufschieben müssen. Wir dürfen uns allerdings auch nichts vormachen: Frau S.' Einarbeitung wird uns alle fordern! Mir ist es wichtig, schon jetzt zu betonen, dass wir uns alle mit einbringen müssen. Die Einarbeitung darf nicht allein auf den Schultern der direkten Teamkollegin lasten.

Glaubt mir, die Entscheidung ist mir nicht leichtgefallen. Ihr kennt mich, ich lege ja immer großen Wert darauf, dass alle fachlich super ausgebildet sind. Daran soll sich auch nichts ändern, das bleibt wichtig. Aber wir brauchen Unterstützung! Abschließend möchte ich euch noch eine kleine Geschichte vorlesen:
„Ein Mann geht während eines Regengusses durch ein kleines Dorf und sieht ein brennendes Haus. Als er näher kommt, sieht er einen Mann inmitten der Flammen in seinem Wohnzimmer sitzen. ‚He, dein Haus steht in Flammen', ruft der Reisende. ‚Ich weiß', antwortet der Mann. ‚Aber warum verlässt du das Haus nicht?' – ‚Weil es regnet', sagte der Mann. ‚Meine Mutter hat mir immer gesagt, ich würde mir eine Lungenentzündung holen, wenn ich bei Regen aus dem Haus gehe'" (Coelho 1999, S. 49–50). Und die Moral von der Geschichte: „Der ist ein weiser Mann, der eine Haltung aufgeben kann, wenn er sich dazu gezwungen sieht!" (Ebd.)

Ich wünsche uns allen, dass wir Frau S. offen begegnen. Wir werden sie und ihre direkten Kolleg:innen nach Kräften unterstützen. Unser Haus brennt – zugleich bin ich sicher, dass wir Lösungen finden und Schwierigkeiten gemeinsam überwinden können. Und ich möchte euch bitten, dass ihr mir Schwierigkeiten zurückmeldet. Veränderungen fordern uns als Team, aber wir können auch gemeinsam daran wachsen. Ich bin neugierig, was Frau S. an Kompetenzen mitbringt, und ich bin gespannt, an welchen Stellen wir besonders gefordert sein werden. Lasst es uns anpacken!"

3. Vielfalt ist nützlich

Neben allen Herausforderungen, die die Veränderung des Qualifikationsgefüges in den Einrichtungen mit sich bringt, dürfen die Chancen nicht unterschätzt werden. Die unterschiedlichen fachlichen Perspektiven, die Menschen aus ihren beruflichen Vorerfahrungen mitbringen, gilt es, zielführend einzusetzen. Arbeiten Teams schon lange zusammen, dann verstehen sich die Mitarbeitenden im besten Falle blind. Sie beurteilen Situationen ähnlich, ziehen an einem Strang und können die Reaktionen der Kolleg:innen leicht nachvollziehen, vielleicht sogar voraussehen. Zugleich laufen solche „alteingesessenen" Teams Gefahr, dass ungünstige Verhaltensweisen oder wenig konstruktive Lösungen, also sogenannte blinde Flecke, lange Zeit unbemerkt bleiben. Frischer Wind durch Mitarbeitende, die von außen kommen und einen gänzlich anderen Blick auf Situationen mitbringen, kann sehr belebend wirken (vgl. Nentwig-Gesemann/Cloos 2021, S. 1). Leitungskräfte können die Methode „Die Faluken sind …" nutzen, um den Blick im Team zu weiten. Sie hilft dabei, die beruflichen Vorerfahrungen derjenigen Quereinsteiger:innen einzubeziehen, deren Ursprungsberufe vermeintlich kaum Berührungspunkte mit dem Kita-Alltag aufweisen. Die Teamübung hat einen doppelten Nutzen: Sie würdigt einerseits die berufliche Vorerfahrung und regt andererseits an, den pädagogischen Alltag einmal durch eine ganz andere, neue Brille, nämlich die des/der Quereinsteigenden, zu betrachten.

Die Faluken sind …

Diese Übung ist geeignet, einerseits die berufliche Vielfalt im Team sichtbar zu machen und andererseits herauszufinden, wie Kompetenzen und berufstypische Einstellungen aus unterschiedlichen Berufen für die pädagogische Arbeit nutzbar werden. Die Leitungskraft bereitet für jeden Beruf, den ein/eine Mitarbeiter:in je ausgeübt hat, ein Blatt Papier vor und hängt es auf. Die Mitarbeiter:innen gehen nun einzeln von Blatt zu Blatt und vervollständigen die Satzanfänge, indem sie möglichst ungefiltert und spontan ihre Assoziationen zu den jeweiligen Berufen notieren. Je mehr Ideen zusammenkommen, umso besser. Achtung, es sind ausschließlich positive Vorstellungen zulässig!

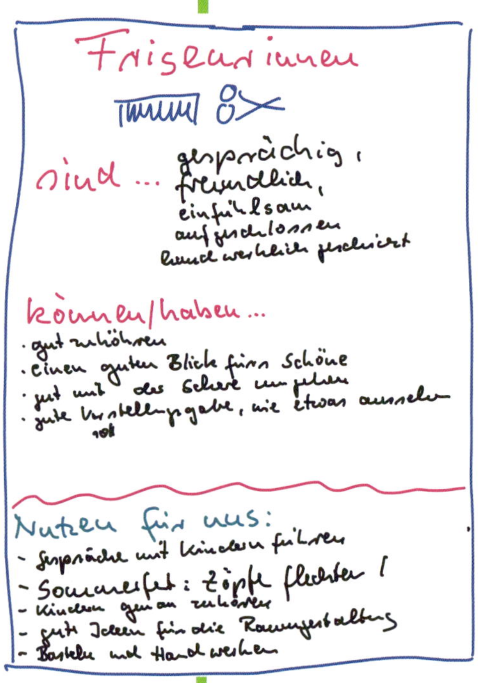

Die Satzanfänge lauten beispielsweise:

- Friseur:innen sind ....
- Friseur:innen können ....
- Friseur:innen haben ....

Nach dem Ausfüllen aller Blätter geht es gemeinsam weiter: Alle Aussagen werden nochmals vorgelesen, unzutreffende Aussagen aussortiert. Alle überlegen im Anschluss, welche Aspekte für die Arbeit in der Kita nützlich sind. Je konkreter die Aussagen formuliert sind, desto besser. Die Ergebnisse werden im unteren Teil des Blattes notiert (vgl. Funcke/Braemer 2022, S. 82 f.).

4. Anleiter:in oder Mentor:in?

Fallbeispiel

Britta berichtet von der Zusammenarbeit mit einer Quereinsteigerin: „Nach leichten Anlaufschwierigkeiten haben wir inzwischen eine gute Ebene gefunden. Nur muss ich leider annähernd die Hälfte meiner wöchentlichen Vorbereitungszeit für Reflexionsgespräche mit der Quereinsteigerin aufbringen. Sie hat derartig viele Fragen – was ja gut ist –, aber ich komme kaum noch zu den Dingen, die ich eigentlich in der Zeit tun müsste."

Hier zeigt sich ein ernst zu nehmendes strukturelles Defizit. Britta versucht, es durch weitere Verdichtung ihrer Arbeit auszugleichen. Das hat zur Folge, dass allein aus Zeitmangel die Qualität der pädagogischen Arbeit leiden muss. Aber wer soll die Fragen der Quereinsteiger:innen beantworten? Wer ist für die Einarbeitung zuständig? In den meisten Bundesländern ist die Frage noch nicht abschließend geklärt. Ein entsprechendes Zeitkontingent für die Einarbeitung von Quereinsteiger:innen sollten Leitungskräfte unbedingt vorsehen oder beim Träger einfordern (vgl. Weltzien et al. 2016).

Aber selbst wenn die strukturellen Fragen der fachlichen Begleitung geklärt wären, ergäbe sich vermutlich eine ungewohnte Situation. Quereinsteiger:innen sind Kolleg:innen, keine Praktikant:innen. Es gibt daher keine Praktikumsaufgaben und auch kein abzuarbeitendes Curriculum. Insofern ist es nicht sinnvoll, von Anleitung zu sprechen. Dieser Begriff ist traditionell mit der Ausbildungsbegleitung von Praktikant:innen verbunden und bezeichnet eben keine kollegiale Beziehung. Geht es um die Einarbeitung und Begleitung von Quereinsteiger:innen, ist es folgerichtig und zeitgemäßer, auch eine entsprechende Formulierung zu wählen und von „Mentorentätigkeit" zu sprechen. Diese grenzt sich in einigen Punkten von der Anleitung ab, wie die folgende Definition zeigt:

- Das Selbstverständnis von Mentori:nnen ähnelt dem von Berater:innen. Drei inhaltliche Schwerpunkte bilden den Rahmen der Beratungen:
  - Teaching: Die Mentor:innen vermitteln anhand konkreter Beispiele fachtheoretische Grundlagen, sodass die Quereinsteiger:innen Situationen und/oder Kinder besser verstehen können (Begründungswissen).
  - Consulting: Erfahrene Fachkräfte geben Hinweise und Tipps, wie man mit bestimmten Situationen und/oder Kindern umgehen kann. Das methodische Repertoire der Quereinsteiger:innen wird dadurch erweitert.
  - Coaching: Die pädagogische Arbeit erfordert immer den Einsatz der Person. Insofern können bewusste oder unbewusste persönliche Einstellungen, sogenannte blinde Flecke, sowie eventuell bestehende persönliche Begrenzungen die Arbeit erheblich erschweren. In entsprechenden Reflexionsgesprächen geht es darum, diese Aspekte zu beleuchten und gegebenenfalls Einstellungs- und Verhaltensänderungen anzuregen (vgl. Schmidt-Tanger 2005, S. G 2).
- Mentor:innen sind für den Erfolg der Einarbeitung nicht allein verantwortlich. Eine aktive Mitarbeit der Quereinsteiger:innen ist Voraussetzung für eine gelingende Einarbeitung in das neue Berufsfeld. Das bedeutet konkret, dass Quereinsteiger:innen
  - neugierig eigene Fragen aufwerfen,
  - Feedback aktiv einfordern und entsprechend umsetzen,
  - sich mutig an neue Aufgaben herantasten,
  - aktiv Hilfe und Unterstützung suchen, wo sie eigene Begrenzungen wahrnehmen.
- Mentor:innen und Quereinsteiger:innen klären (nicht nur zu Beginn der Zusammenarbeit) ihre wechselseitigen Erwartungen.
- Neben der Verantwortung für eine möglichst umfassende Einarbeitung der Quereinsteiger:innen haben Mentor:innen zusätzlich eine hohe Verantwortung den Kindern sowie dem Gesamtsystem Kita gegenüber. Bekommen sie den Eindruck, dass die Einarbeitung stockt oder die Arbeit der Quereinsteiger:innen pädagogisch nicht verantwortbar ist, sind sie verpflichtet, gemeinsam mit der Leitungskraft nach Lösungen zu suchen. Das Kindeswohl muss immer im Mittelpunkt aller Überlegungen stehen.

Woher die Zeit nehmen, um Quereinsteiger:innen einzuarbeiten?

Mentor:innen übernehmen ein hohes Maß an Verantwortung für einen gelingenden Quereinstieg.

Schon diese Auflistung zeigt, dass eine Mentorentätigkeit nicht nebenbei zu erledigen ist. Sie erfordert Motivation und Bereitschaft, diese zusätzliche Aufgabe zu übernehmen, dazu kommunikatives Geschick, umfassende Fach- und Methodenkenntnisse sowie genaue Kenntnisse im pädagogischen Arbeitsfeld. Eine durchaus anspruchsvolle Tätigkeit! Inwiefern dafür zeitliche Ressourcen zur Verfügung gestellt werden, wird mit darüber entscheiden, ob die Flexibilisierung des Fachkräftekataloges zu einem Erfolgsmodell wird und damit tatsächlich geeignet ist, die Folgen des Fachkräftemangels abzupuffern.

5. Dienstbesprechung, Teamtag, Fortbildung – alles dringend nötig!

Dass Teams von Dienstbesprechungen, Teamtagen oder vergleichbaren Angeboten profitieren, steht außer Frage. Allerdings beobachten wir, dass der Fachkräftemangel auch dazu führt, dass Fortbildungsangebote seltener angenommen werden, Besprechungen häufiger ausfallen und für kollegiale Beratung kaum noch Zeit reserviert wird. In unseren Fortbildungen sind sich alle Leitungskräfte darüber einig, dass dies langfristig Auswirkungen auf die Qualität der Arbeit haben wird, dass man aber zur größten Not und für eine kurze Zeit auf die eine oder andere Veranstaltung verzichten kann.

Ganz anders sieht das aus, wenn Quereinsteiger:innen das Team der pädagogischen Fachleute ergänzen. Für sie ist jede Form von fachlichem Austausch eine wichtige Informationsquelle. Sie erfahren dabei, wie pädagogische Teams ihre Zusammenarbeit organisieren, welche Fragen die Diskussionen dominieren. Sie erleben, welche Konflikte es im Team gibt und wie damit umgegangen wird. Sie hören in Fortbildungen oder bei Teamtagen, wie sich Fachleute über pädagogische Fragen austauschen und wie vielfältig man das Verhalten von Kindern einschätzen kann. Sie lernen Aspekte der Zusammenarbeit mit Eltern kennen und sie nehmen wahr, wie das Bild vom Kind die pädagogischen Überlegungen beeinflusst. Nehmen Quereinsteiger:innen am Qualitätszirkel teil, lernen sie die Ziele der pädagogischen Arbeit kennen und erfahren, wie diese durch geeignete Prozesse erreicht werden sollen. Die Liste ließe sich noch lange fortschreiben.

In all diesen Veranstaltungen wird deutlich, in welchen Bereichen Quereinsteiger:innen noch keinerlei Fachwissen besitzen. Sie erfahren, dass eine fundierte Ausbildung notwendig ist, um die komplexen Anforderungen verantwortlich meistern zu können. Das erscheint uns dringend notwendig. Denn während unserer Interviews mit Quereinsteiger:innen haben wir immer wieder gehört, dass diese die Notwendigkeit der deutlich längeren Ausbildung zur pädagogischen Fachkraft kaum verstehen könnten, da sie

Von der geballten Fachlichkeit einer Fortbildung können Quereinsteiger:innen nur profitieren.

Der Austausch unter Quereinsteigenden und Fachkräften hilft, eine gemeinsame Haltung zu entwickeln.

auch mit ihrer kurzen Ausbildung in der Lage seien, den Alltag in der Kita gut zu meistern. Diese Einstellung ist nachvollziehbar, solange sich die Quereinsteiger:innen nur auf die reine Beobachtung der pädagogischen Fachkräfte beschränken. Quereinsteiger:innen müssen erleben dürfen, wie komplex und differenziert pädagogische Fragen in der Kita zu betrachten und zu bearbeiten sind. Es ist somit Aufgabe der Leitungskräfte und der pädagogischen Fachkräfte, dafür zu sorgen, dass die Aufgaben im Kita-Alltag nicht in unzulässiger Weise trivialisiert werden. Quereinsteiger:innen müssen wissen und erleben, dass sie über eine geringere Fachexpertise verfügen als die einschlägig ausgebildeten Kolleg:innen wie sozialpädagogische Assistent:innen, Erzieher:innen oder Frühpädagog:innen. Sicherheitshalber möchten wir betonen, dass diese Aussage keine persönliche Abwertung von Quereinsteiger:innen darstellt. Es geht uns ausschließlich darum, den Unterschied zwischen den verschiedenen Professionsrollen ernst zu nehmen.

Im Folgenden findet sich eine kleine Auswahl an eher niederschwelligen Methoden und Materialien, die den oben beschriebenen Austausch anregen. Wir beschränken uns darauf, den Nutzen für die Quereinsteiger:innen darzustellen, denn der Nutzen für das gesamte Team ist offensichtlich.

Methoden und Materialien für den Austausch

„Schätze für das Kita-Team"

Die Karten des Kartensets „Schätze für das Kita-Team" (Schmieder 2019) liegen mit dem Bild nach oben auf dem Boden aus. Alle bewegen sich bei angenehmer Hintergrundmusik um die Karten herum und entscheiden sich schließlich für eine Karte, neben der sie stehen bleiben. Je drei Mitarbeitende finden sich zu einer Gruppe zusammen und starten die Auswertungsphase der Bildseite nach dem folgenden Schema. Die Person, deren Bild gerade dran ist, hört zunächst schweigend zu und äußert erst am Ende ihre eigenen Gedanken.

1. Möglichst konkret beschreiben, was auf dem jeweiligen Bild zu sehen ist. Keine Deutungen, keine Interpretationen („Ich sehe …").
2. Assoziationen zu dem Bild sammeln („Das erinnert mich an …).
3. Reaktion – Gedanken, Gefühle, Vorstellungen – beschreiben, die das Bild hervorruft („Das löst bei mir … aus").
4. Hypothesen darüber aufstellen, warum das Bild gewählt wurde („Ich glaube, XY hat das Bild ausgesucht, weil …").
5. Der/die Bildgerber:in stellt dar, welche Gedanken ihn/sie ursprünglich zur Wahl des Bildes bewegt haben.

Danach werden Spruch und Reflexionsanregung auf der Rückseite laut vorgelesen. Die Gruppe diskutiert,

- ob die Aussagen zum Bild passen,
- welcher Bezug sich zum Alltag herstellen lässt,
- inwiefern der Spruch die eigene pädagogische Haltung berührt.

Nutzen: Quereinsteiger:innen lernen, Beobachtung/Beschreibung und Interpretation voneinander zu trennen. Sie erkennen, dass dieselbe Sache unterschiedliche Assoziationen und Gefühle auslösen kann. Sie lernen den Unterschied zwischen einer Aussage („Das ist so") und einer Hypothese („Das könnte so sein") kennen. Sie erkennen den Wert von Hypothesen. Sie setzen sich mit unterschiedlichen Reflexionsfragen auseinander. Eventuell wird durch die Diskussion ebenfalls deutlich, dass es kontroverse Sichtweisen gibt, ohne dass ein „Richtig" oder ein „Falsch" festgestellt werden kann.

Fehler feiern macht Mut.

6-3-5-Methode

Diese Methode gehört in die Kategorie der „Brain-Writing"-Methoden. Alle Mitarbeitenden bekommen ein Arbeitsblatt, auf dem sich eine Tabelle mit drei Spalten und sechs Zeilen findet. Zu einer konkreten Fragestellung (Beispiel: Welche pädagogischen Maßnahmen können wir ergreifen, um zu verhindern, dass Fabian handgreiflich wird?) entwickeln alle drei Ideen und schreiben diese in die drei Spalten der ersten Zeile. Dafür gibt es maximal 5 Minuten Zeit, dann wird das Blatt nach rechts weitergegeben. Nun schreiben alle jeweils drei Ideen in die drei Spalten der zweiten Zeile. Dabei dürfen sie die bereits notierten Ideen weiterentwickeln oder neue hinzufügen. Das Blatt wird insgesamt fünfmal weitergereicht, dann sind die sechs Zeilen gefüllt und insgesamt 108 Ideen entstanden (3 Spalten mal 6 Zeilen mal 6 Blätter bzw. Personen).

Nutzen: Die 6-3-5-Methode fordert Quereinsteiger:innen auf, eigene Ideen zu einer Fragestellung zu entwickeln, ohne dass sie sich öffentlich äußern müssen, dadurch befinden sie sich in einem gewissen Schutzraum. Zugleich lesen sie die Ideen der anderen Mitarbeiter:innen und erhalten auf diesem Weg Anregungen, wie mit pädagogischen Fragestellungen umgegangen werden kann. Quereinsteiger:innen erweitern so ihr Methodenrepertoire im Umgang mit herausfordernden Situationen, ohne explizit belehrt zu werden.

Fragestellung: Welche pädagogischen Maßnahmen können wir ergreifen, um zu verhindern, dass Fabian handgreiflich wird?

Idee Nr. 1	Idee Nr. 2	Idee Nr. 3

Bester Fehler der Woche

In der Dienstbesprechung werden die „erfolgreichsten" Fehler der Woche gesammelt. Der/die Mitarbeiter:in, dem/der der Fehler passiert ist, beschreibt, was geschehen ist. Gemeinsam überlegt das Team, was man daraus lernen kann. Zum Abschluss wird der Fehler von allen Mitarbeitenden beklatscht.

Nutzen: Die Quereisteiger:innen machen die Erfahrung einer tragfähigen Fehlerkultur. Sie sehen, dass sich Kolleg:innen gegenseitig unterstützen, dass auch erfahrene Kolleg:innen Fehler machen und dass man sich im Team mutig ausprobieren darf (vgl. Schönberg 2023).

6. Für Entspannung im Team sorgen

Viele der hier beschriebenen Methoden und Hinweise bedeuten Arbeit und zumindest ein gewisses Maß an Anstrengung. Insofern ist es wichtig, dass Leitungskräfte auch hin und wieder für heitere und entspannende Momente im Team sorgen. Das kann im Rahmen einer Dienstbesprechung, eines Teamtages oder eines Festes geschehen. Wir möchten hier noch zwei kleine Übungen vorstellen, die allen im Team die Möglichkeit bieten, sich gegenseitig positives Feedback zu geben oder sich von einer ganz anderen Seite zu zeigen. Für Quereinsteiger:innen sind derartige Übungen besonders hilfreich, weil sie sich als vollgültige Teammitglieder erleben können und weder Ausbildung noch pädagogische Kompetenzen eine Rolle spielen.

Worte verschenken

Diese Übung wird am Ende einer Arbeitsphase eingesetzt, etwa wenn das Kita-Jahr endet. Sie eignet sich für Teams, die über einen längeren Zeitraum intensiv zusammengearbeitet oder gemeinsam besondere Herausforderungen gemeistert haben. Die Teammitglieder geben sich im Rahmen der Übung gegenseitig Feedback. Das Besondere daran: Das Feedback soll ausschließlich positiv, stärken- und ressourcenorientiert formuliert werden!

Alle Teilnehmer:innen erhalten je sechs, bei kleinen Teams je fünf Moderationskarten. Eine Karte wird jeweils unter den eigenen Stuhl gelegt. Anschließend gehen alle nacheinander zu jeweils einem Teammitglied der eigenen Wahl und bitten um ein „Ein-Wort-Feedback", indem sie sagen: „Bitte schenke mir ein Wort!" Wer seine Karte mit einem Ein-Wort-Feedback zurückbekommt, geht zur nächsten Person. Das Verschenken der Worte sollte möglichst schweigend vonstattengehen. Haben alle Teilnehmenden vier beziehungsweise fünf Wörter geschenkt bekommen, denken sie kurz über diese Erfahrung nach und schenken sich dann selbst ein Wort, das sie auf der verbliebenen Karte notieren. Anschließend schreiben sie für sich selbst eine Wohlfühlgeschichte, in der sie alle geschenkten Wörter unterbringen. Wer möchte, kann seine Geschichte zum Abschluss laut vorlesen.

Wahrheit oder Lüge

Dieses lustige Spiel befördert das Maß der Vertrautheit innerhalb eines Teams. Einerseits finden die Teilnehmenden dabei heraus, was ihnen zugetraut wird und welche erfundenen Geschichten ihnen über ihre Person und ihr Leben „abgekauft" werden (Lüge). Andererseits haben die Teilnehmenden vielleicht tatsächlich schon etwas erlebt oder gehen einem Hobby nach, das ihnen niemand zutraut oder noch niemand von ihnen weiß (Wahrheit).

Alle benötigten ein DIN-A4-Papier. Auf die eine Hälfte notieren sie in wenigen Stichworten die Lüge (Beispiel: „Ich bin mit dem Fallschirm über dem Grand Canyon abgesprungen"), auf die andere Hälfte eine wahre Begebenheit (Beispiel: „Ich habe den dritten Platz bei der deutschen Jugendmeisterschaft im Zweierkajak gewonnen").

Alle Teilnehmer:innen kleben sich nun ihr Blatt Papier auf den eigenen Rücken, gehen durch den Raum und markieren das, was sie für die Wahrheit halten, mit einem Strich. Haben alle bei allen eine Einschätzung abgegeben, werden die Zettel abgenommen, die Striche gezählt und in der Runde die Geheimnisse gelüftet.

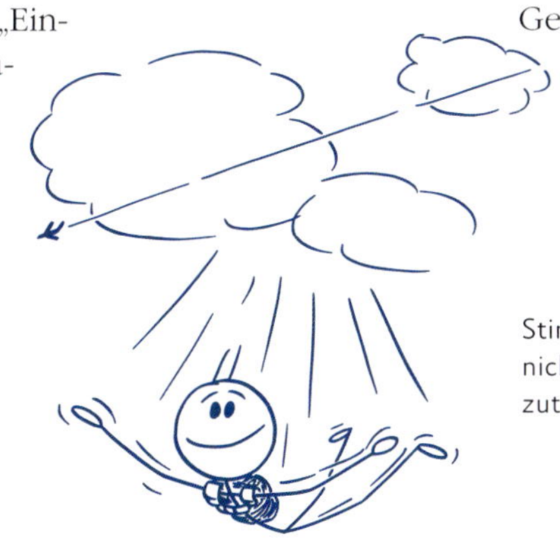

Stimmt's oder stimmt's nicht? Was mir andere zutrauen ...

V. Unterstützende Maßnahmen für den Quereinstieg

1. Von der Notwendigkeit zusätzlicher Unterstützungsangebote

Voraussetzung, um als Quereinsteiger:in in einer Kindertagesstätte arbeiten zu dürfen, ist – neben beruflicher Vorerfahrung – der Besuch einer entsprechenden Weiterbildung. In manchen Bundesländern müssen Quereinsteiger:innen zusätzlich ein Praktikum absolvieren. Der vorgeschriebene Umfang sowie die Dauer dieser Maßnahmen variieren in den Bundesländern erheblich. Allerdings ist die erforderliche Weiterbildung in keinem Bundesland auch nur annähernd vergleichbar mit einer Ausbildung zum/zur sozialpädagogischen Assistent:in oder zum/zur Erzieher:in. Quereinsteiger:innen berichten aber immer wieder, dass sie nicht nur als Zusatzkräfte, sondern auch als Zweitkräfte eingesetzt werden.

Weitere Fortbildungs- und Unterstützungsangebote sind unbedingt erforderlich, damit Quereinsteiger:innen die vielfältigen Anforderungen auch verantwortlich meistern können. Zusätzlich ist zu bedenken, dass das Beschäftigungsverhältnis in den meisten Bundesländern auf Dauer angelegt ist. Es lohnt sich also, in die Weiterbildung von Quereinsteiger:innen zu investieren, sodass sie nach und nach tatsächlich einen verantwortbaren Beitrag zur Abmilderung des Fachkräftemangels leisten können.

Das Ziel solcher Angebote muss darin bestehen, Quereinsteiger:innen mit berufstypischen Fragestellungen nicht allein zu lassen. Zugleich darf es keinesfalls so weit kommen, dass das – zwangsläufig komplexe – erzieherische Handeln an Professionalität einbüßt, nur damit die Kitas überhaupt in der Lage sind, den Betrieb aufrechtzuerhalten. Alle Bemühungen müssen sich darauf richten, den gesetzlich verankerten Auftrag von Bildung, Erziehung und Betreuung sowie die Kinderrechte umzusetzen. Niemand kann jedoch von Quereinsteiger:innen erwarten, dass sie die Komplexität der Anforderungen von selbst erfassen. Angesichts der Verantwortung, die sie insbesondere aufgrund des Fachkräftemangels vielfach übernehmen müssen, sind weitere Unterstützungsangebote wie Fortbildungen, Supervision oder das Bereitstellen von Literatur aus unserer Sicht unerlässlich.

Im Folgenden finden sich in loser Reihenfolge verschiedene Möglichkeiten der Unterstützung. Da die Curricula der geforderten Weiterbildungen für Quereinsteiger:innen je nach Bundesland sehr unterschiedlich sind, ist es möglich, dass einzelne Aspekte dort bereits abgedeckt wurden.

2. Kollegialen Austausch zwischen Quereinsteiger:innen fördern

Viele Bundesländer regeln mittels Quoten, wie viele Quereinsteiger:innen im Verhältnis zu einschlägig ausgebildeten Mitarbeiter:innen pro Einrichtung eingestellt werden dürfen. Insofern gibt es Kitas, die mehrere Quereinsteiger:innen beschäftigen, und solche, die nur wenige im Team haben. Die Probleme und Fragestellungen, die Quereinsteiger:innen im Alltag begegnen, sind aber wahrscheinlich überall ähnlich. Insofern erscheint es sinnvoll, wenn beispielsweise Fachberatungen Quereinsteiger:innen aus unterschiedlichen Einrichtungen „zusammentrommeln“, um einen entsprechenden Austausch anzuregen.

Für Quereinsteiger:innen eignen sich Angebote, die sowohl Fortbildung als auch Supervision beinhalten.

Neben fachtheoretischen Impulsen wird es sicherlich ebenfalls darum gehen, persönliche Grenzerfahrungen, die sich im Kontakt mit den Kindern oder Kolleg:innen ergeben haben, als solche zu erkennen und zu beleuchten. Die erforderlichen Zusatzangebote wären dadurch eine Mischung aus Supervision und Fortbildung. Gerade für Personen, die zuvor in pädagogikfernen Berufen gearbeitet haben, ist es wichtig, dass sie sich langsam an berufstypische Reflexionspraktiken herantasten und zusätzlich fachtheoretische Grundlagen erwerben, um ein abgesicherteres Verständnis für Kinder zu entwickeln. Da sich das Niveau der Auseinandersetzung vermutlich zunächst weit unter dem entsprechend ausgebildeter Kolleg:innen befindet, ist es zweckmäßig, homogene Gruppen aus Quereinsteiger:innen zu bilden, um die Fortbildungs- und Supervisionsangebote anschlussfähig gestalten zu können.

3. Biografiearbeit

Wer als Quereinsteiger:in seine Arbeit in der Kindertagesstätte beginnt, blickt nicht nur auf die eigene Kindheit zurück, sondern hat vermutlich schon eine erhebliche Menge an Berufs- und Lebenserfahrung gesammelt, vielleicht auch schon Erziehungserfahrung mit eigenen Kindern (vgl. Mannhard 2018). Dass all diese Erfahrungen bewusst oder unbewusst das eigene Handeln prägen, ist für pädagogische Fachkräfte selbstverständlich. Quereinsteiger:innen hatten auf ihrem bisherigen Lebensweg eventuell kaum die Möglichkeit, sich mit den eigenen Wurzeln auseinanderzusetzen. Vielleicht sind ihnen Notwendigkeit und Nutzen derartiger Auseinandersetzungsprozesse gar nicht bewusst. Biografisches Arbeiten darf nicht mit einem Therapieangebot verwechselt werden! Es geht darum, Glaubenssätze, Einstellungen oder subjektive Theorien, die für eine kindzentrierte und ethisch unanfechtbare pädagogische Arbeit eventuell hinderlich werden können, ins Bewusstsein zu heben. Es geht darum, den Ursprung ungünstiger Einflüsse

„Was war der Lieblingsplatz meiner Kindheit?“

auf die aktuelle Arbeit mit Kindern besser zu verstehen, um sie dann neu zu justieren und an die realen Gegebenheiten anpassen zu können. Leitungskräfte könnten auf die Notwendigkeit dieser Auseinandersetzung am Ende der Einarbeitungsphase hinweisen.

Ein erster, leichter Einstieg in biografische Reflexionen bieten die folgenden Fragen:

- Gab es Orte, an denen Sie sich als Kind besonders wohlgefühlt haben? Was zeichnete diese Lieblingsplätze aus?
- Was waren Ihre Lieblingsspiele als Kind?
- Welche Menschen waren für Sie in Ihrer Kindheit besonders bedeutsam? In welchen Situationen waren Sie froh, dass sie da waren?
- Was war Ihr Lieblingsessen und zu welchen Gelegenheiten wurde es „aufgetischt"?
- Erinnern Sie sich an besondere Feste?

Darüber hinaus gibt es Arbeitsbücher, die zur vertieften Auseinandersetzung mit biografischen Einflüssen auf die pädagogische Arbeit anregen (s. Kap. V.5).

4. Eine pädagogische Haltung entwickeln

Pädagogische Haltung – ein schillernder Begriff. In ihr spiegeln sich Wertvorstellungen, das Bild vom Kind sowie Erziehungs- und Entwicklungsziele. Sie wird geprägt von individuellen Einstellungen sowie der jeweiligen gesellschaftlichen Kultur. Die pädagogische Haltung wirkt wie ein Kompass, an dem sich das Handeln und der Umgang auch mit widersprüchlichen oder unklaren Situationen ausrichtet. Es reicht nicht aus, wenn sich jeder Mitarbeitende bzw. jeder/jede Quereinsteiger:in eine „private" pädagogische Haltung erarbeitet. In der Zusammenarbeit im Team ist es notwendig, sich in Fragen der pädagogischen Haltung abzustimmen, um Kindern durch konsistentes Erzieherverhalten die notwendige Orientierung und Sicherheit zu geben.

Für viele Quereinsteiger:innen, insbesondere für diejenigen, die in pädagogikfernen Berufen gearbeitet haben, dürfte es ungewohnt sein, derartige Fragen zu bewegen und das eigene Verhalten unter dem Gesichtspunkt der pädagogischen Haltung zu reflektieren. Es handelt sich um komplexe Fragestellungen, auf die es oft keine eindeutigen Antworten gibt. Diese Mehrdeutigkeit muss ausgehalten werden!

Fallbeispiel

Zwischen Sandra (Quereinsteigerin) und Karsten (Erzieher) kommt es immer wieder zu Auseinandersetzungen. Sandra fordert von den Kindern Gehorsam ein, wird schnell ärgerlich, wenn Kinder bestehende Regeln nicht beachten, und hin und wieder weist sie Kinder auch lautstark auf Regelverletzungen hin. Karsten hingegen versucht, den Kindern die Regeln zu erklären. Er geht davon aus, dass die Kinder Regeln leichter einhalten können, wenn sie den Sinn dahinter verstanden haben. Hier prallen zwei unterschiedliche pädagogische Haltungen aufeinander:

Sandra verfolgt die Vorstellung, dass Kinder lernen müssen, sich anzupassen. Die geltenden Regeln auch zu verstehen ist für sie nachrangig. Karsten lehnt reine Anpassung ab. Er ist der Meinung, dass Kinder den Sinn von Regeln verstehen müssen, bevor sie diese einhalten können. Insofern regt er die Kinder eher zu einer kritischen Auseinandersetzung mit Regeln an und wird nicht müde, Regeln zu erklären. Beide Haltungen sind – insbesondere in der Übertreibung – problematisch. Sandra und Karsten müssen in einem Diskussionprozess klären, inwiefern Anpassung von Kindern gefordert werden kann und auf welche Weise Regeln für Kinder transparent und nachvollziehbar erklärt werden können.

Ein Austausch im gesamten Team über Wertvorstellungen und Grundhaltungen haben insbesondere für Quereinsteiger:innen einen hohen Wert, weil dort Fragen aufgeworfen werden, die weit über die Bewältigung des Alltags hinausgehen und dennoch die Arbeit mit den Kindern unmittelbar beeinflussen.

Welche Werte prägen die pädagogische Arbeit?

Die folgende Übung kann mit dem gesamten Team durchgeführt werden, um eine Diskussion über die der pädagogischen Haltung zugrunde liegenden Werte anzuregen. Sie besteht aus drei aufeinander aufbauenden Phasen. Zunächst füllt jeder/jede die Wertematrix (s. Kasten rechts) allein aus. Anschließend ermittelt das Team Werte, denen es in der kommenden Zeit besondere Beachtung schenken möchte. Am Ende steht die gemeinsame Überlegung, welche Auswirkungen die gewählten Werte auf konkretes pädagogisches Handeln haben (vgl. Thurmann 2022, S. 84–88).

„Welche Wertvorstellungen sind für mich besonders wichtig?"

Phase 1: Meine wichtigsten Werte

Die Mitarbeitenden wählen je zehn Werte, die ihnen für ihre Arbeit besonders wichtig sind, zum Beispiel Toleranz, Respekt, Ordnung, Ehrlichkeit, Geduld, Wertschätzung, Zuverlässigkeit oder Altruismus. Sie tragen ihre zehn Werte in die Matrix ein – einmal horizontal und einmal vertikal jeweils von A bis J in der jeweils gleichen Reihenfolge. Anschließend treten die Werte gegeneinander an: Die Teilnehmenden setzen die Werte der vertikalen mit denen der horizontalen Reihe in Beziehung, indem sie die Begriffe der vertikalen Reihe einer nach dem anderen abarbeiten.

Ein Beispiel:

1. **„Verlässlichkeit gegen Geduld"**: Wem die Verlässlichkeit wichtiger ist, der trägt den Buchstaben ein, der für die Verlässlichkeit steht (in diesem Fall A).
2. **„Verlässlichkeit gegen Respekt"**: Wem der Respekt wichtiger ist, der trägt den Buchstaben für den Respekt ein (in diesem Fall C).
3. **„Verlässlichkeit gegen Toleranz"**: Wem die Toleranz wichtiger, ist der trägt den Buchstaben für die Toleranz ein (in diesem Fall D).
4. **„Geduld gegen Respekt"**: Wem der Respekt wichtiger ist, der trägt den Buchstaben für den Respekt ein (in diesem Fall C).
5. **„Geduld gegen Toleranz"**: Wem die Toleranz wichtiger ist, der trägt den Buchstaben für die Toleranz ein (in diesem Fall D).

Wenn die Matrix vollständig ausgefüllt ist, werden die Buchstaben aufsummiert (in unserem Beispiel 1xA, 0xB, 2xC, 2xD; Respekt und Toleranz sind also bisher die beiden bedeutsamsten Werte). So entsteht ein Ranking der wichtigsten persönlichen Werte.

Wertematrix		A	B	C	D	E	F	G	H	I	J
		Verlässlichkeit	Geduld	Respekt	Toleranz						
A	Verlässlichkeit		A	C	D						
B	Geduld			C	D						
C	Respekt										
D	Toleranz										
E											
F											
G											
H											
I											
J											

Phase 2: Werte im Team ermitteln

Der Raum wird durch ein Seil geteilt. In der einen Hälfte stehen drei Stühle, in der anderen befindet sich das Team.

1. Die Teilnehmenden notieren ihre drei wichtigsten Werte auf jeweils einer Karte und legen diese nacheinander auf den Boden vor die Stühle. Alle erläutern kurz, was sie mit dem jeweiligen Wert verbinden und welche Bedeutung der Wert für die eigene pädagogische Arbeit hat. Doppelungen werden aussortiert.
2. Für die beiden folgenden Schritte wird eine maximale Bearbeitungszeit von 10 Minuten festgelegt. Jeweils nacheinander treten die Teilnehmenden nun hinter das Seil, wählen eine Karte aus und legen sie ohne weiteren Kommentar auf einen freien Stuhl – so lange, bis auf allen drei Stühlen jeweils eine Wertekarte liegt.
3. Nun werden die Werte ausgetauscht: Wieder treten die Teilnehmenden nacheinander hinter das Seil, nehmen eine ihnen besonders bedeutsam erscheinende Wertekarte vom Boden und tauschen sie gegen eine ihnen nicht so bedeutsam erscheinende Karte, die bereits auf einem Stuhl liegt, aus. Auf diese Weise wechseln die Werte auf den Stühlen permanent. Nach 10 Minuten wird keine Änderung mehr vorgenommen!
4. Die drei Werte, die nun auf den Stühlen liegen, sind für die nächste Zeit diejenigen, auf deren Umsetzung das Team besonders achtet.

Phase 3: Auswertung im Gesamtteam

1. Im Team werden konkrete Situationen benannt, in denen der jeweilige Wert handlungsleitend ist.
2. Das Team reflektiert nach zwei bis vier Monaten die Erfahrungen und ermittelt gegebenenfalls eine neue Auswahl an Werten.

5. Fach- und Methodenkompetenz entwickeln

Signalisieren Quereinsteiger:innen, dass sie vertieftes Interesse an der Arbeit mit Kindern haben, ist es nur folgerichtig, wenn sie auch Zugang zu unterschiedlichsten Informationsquellen wie Fortbildungen oder geeigneter Literatur haben. „Fehlende Praxiserfahrungen lassen sich über eine passgenaue Einarbeitungs- und Anleitungsphase innerhalb weniger Monate aufholen. Fehlende theoretische Kenntnisse (z. B. entwicklungswissenschaftliche Themenbereiche, Sprachentwicklung sowie frühkindliche Bildungsthemen und ihre Förderung) können dagegen nur sehr begrenzt im ‚laufenden Betrieb' angeeignet werden und sollten durch umfangreiche Fort- und Weiterbildungen begleitet werden" (Weltzien 2019, S. 133).

Damit die Inhalte der Fortbildung anschließend auch in der Arbeit umgesetzt werden, sollte die Leitungskraft den pädagogischen Fachkräften gemeinsam mit den Quereinsteiger:innen den Besuch von Fortbildungen ermöglichen. Auf diese Weise eröffnen sich für die Quereinsteiger:innen eventuell Umsetzungsmöglichkeiten, die sie allein nicht entdeckt hätten. Außerdem können sie erleben, mit welchen Fragestellungen und Einschätzungen ausgebildete Fachkräfte sich einem für sie neuen Thema nähern.

Neben Fortbildungen können Fragen, die sich aus der Praxis ergeben, auch durch das Studium geeigneter Literatur beantwortet werden. Aus diesem Grund empfiehlt es sich, eine kleinen Fachbibliothek vor Ort anzulegen und für Quereinsteiger:innen fachlich fundierte, aber eher niederschwellige Literatur vorzuhalten. Hier eine kleine Auswahl, welche Literatur uns geeignet erscheint:

- Kataloge von verschiedenen Fachverlagen zeigen das Spektrum der aktuellen Themen auf. Durch kurze Inhaltsangben und kleine Illustrationen können derartige Kataloge die Neugier wecken. Legen Sie die Kataloge einfach im Mitarbeiter:innenzimmer aus. Voraussetzung: Sie haben ein Budget, um Bücher anschaffen zu können.

Zu schwere Kost kann überfordern!

- Fachzeitschriften sind in besonderer Weise geeignet, um sich über aktuelle Themen der Frühpädagogik zu informieren.
- „Wenn Eltern Rat suchen": Jede Ausgabe beleuchtet anhand eines konkreten Beispiels eine pädagogische Alltagsherausforderung (zum Beispiel „Ständig fliegen die Fetzen", „Endlich ohne Windel?") aus verschiedenen Perspektiven. Fachliche Impulse und Analysen finden sich genauso wie Reflexionsanregungen, methodische Hinweise und weiterführende Literaturtipps.
- Einige Verlage bieten Themenhefte und entsprechende Themenheftreihen an, in denen Praxisfragen vertieft und unter verschiedenen Gesichtspunkten betrachtet werden. Im Herder Verlag erscheinen zu allen pädagogischen Themen die Hefte „praxis kompakt", „leiten kompakt" und „wissen kompakt". Letztere eignen sich besonders für die Vermittlung fundierten Grundlagenwissens.
- Für das Thema Biografiearbeit eignet sich der Titel von Anja Mannhardt aus dem Herder Verlag „Der Lebensspur folgen". Es ist ein sehr liebevoll gestaltetes Buch, das sich auch für diejenigen eignet, die sich erstmals mit ihrer Biografie auseinandersetzen. Verschiedene Methoden, Sinnsprüche, Erläuterungen und Übungen helfen einem, sich mit vielfältigen Aspekten der eigenen Biografie zu beschäftigen. Alle Übungen zeichnen sich bei aller Ernsthaftigkeit des Themas durch eine gewisse Leichtigkeit aus und sind durchweg ressourcenorientiert angelegt.
- Eine wahre Fundgrube für annähernd sämtliche Themen der Elementarpädagogik findet sich im Netz in „Das Kindergartenhandbuch" (vgl. Textor/Bostelmann). Der Zugang ist kostenfrei und ohne Anmeldung möglich.

6. Professionelles Selbstverständnis der pädagogischen Fachkräfte stärken

Die Flexibilisierung des Fachkräftekataloges bringt es mit sich, dass pädagogische Fachkräfte ihr professionelles Selbstverständnis deutlicher geltend machen müssen. Die Einstellung von Quereinsteiger:innen darf keinesfalls zu einer schleichenden Deprofessionalisierung des Berufsfeldes führen. Es erscheint uns notwendig, dass sich Trägervertreter:innen, Fachberatungen, Erzieher:innen sowie Kindheitspädagog:innen aktiv für die Professionalisierung der pädagogischen Berufe einsetzen, indem sie gemeinsam ihre berufstypischen Profile entwickeln und deren Tragfähigkeit im Alltag überprüfen: Nur wenn der Transfer zwischen theoretischem Anspruch und gelebter Wirklichkeit in der Kita gelingt, wird das Berufsbild der Erzieher:innen, Kindheitspädagog:innen und sozialpädagogischen Assistent:innen dauerhaft und unantastbar Bestand haben – auch wenn die Ankunft von Quereinsteiger:innen zu einer Erweiterung der Teamstrukturen führt.

Professionalität ist durch nichts und niemanden ersetzbar.

Nimmt man die gesamte Palette der jetzt in Kitas neu zugelassenen Berufe in den Blick, können – je nach beruflicher Vorerfahrung der Quereinsteiger:innen – sowohl multiprofessionell als auch heterogen zusammengesetzte Teams entstehen. In beiden Fällen ist es erforderlich, dass sich die pädagogischen Fachkräfte ihrer eigenen Expertise bewusst sind und diese erkennbar in die Bewältigung der beruflichen Anforderungen einbringen.

Multiprofessionelle Teams

Von Multiprofessionalität wird gesprochen, wenn unterschiedliche Professionen gemeinsam an einer Aufgabe arbeiten und sich die Sichtweisen wechselseitig ergänzen. Treffen beispielsweise Erzieher:innen und Logopäd:innen oder Ergotherapeut:innen aufeinander, ergeben sich sehr unterschiedliche Blickwinkel auf die Praxis. Durch den multiprofessionellen Austausch werden die Reflexionsprozesse vielfältiger, davon wiederum

Erzieherin und Ergotherapeutin – doppelte Fachexpertise zum Wohl des Kindes.

profitieren alle Beteiligten bei der Findung von Lösungen für den praktischen Alltag. Dies gelingt allerdings nur unter der Voraussetzung, dass sich die verschiedenen Berufe ihrer jeweils spezifischen Professionalität bewusst sind, diese aktiv zur Verfügung stellen und weder in Konkurrenz zueinander treten noch sich zu sehr einander angleichen.

Fallbeispiel

Marius (6;3 Jahre) ist das vierte von sechs Kindern. Die Familie wohnt in einem sozialen Brennpunktviertel in einer Vierzimmerwohnung und lebt von staatlicher Unterstützung. Marius wirkt sehr zurückgezogen, zeigt kaum Emotionen, spricht wenig. Wenn er spricht, ist er nur schwer zu verstehen. An Bewegungsangeboten nimmt er kaum teil. Er hat einen besten Freund, mit dem er sich ab und zu auch nachmittags verabredet. Erzieher Sven hat beobachtet, dass die beiden in der Kita oft gemeinsam fantasievolle Rollenspiele spielen. Fehlt der Freund, gelingt es Marius kaum, Kontakt zu den anderen Kindern aufzunehmen. Er spielt dann allein.

Das multiprofessionelle Team in Marius' Kita setzt sich aus einer Ergotherapeutin, einer Logopädin und seinem Bezugserzieher Sven zusammen. Gemeinsam widmen sie sich nun der Frage, welche Stärken, Ressourcen und Förderschwerpunkte sich aus ergotherapeutischer, logopädischer und pädagogischer Sicht ergeben. Nur wenn sich alle ihrer jeweiligen Professionalität bewusst sind, kann es zu einer multiprofessionellen Zusammenarbeit kommen. Eine beispielhafte Übersicht möglicher Aspekte findet sich im Kasten rechts.

Heterogene Teams

Ganz anders sehen die Herausforderungen aus, wenn Personen in Kitas arbeiten, die bisher wenig oder nur eingeschränkt Erfahrungen im pädagogischen Arbeitsfeld sammeln konnten. In diesem Fall handelt es sich nicht um multiprofessionelle Zusammenarbeit, sondern um Heterogenität im Team. Die Öffnung des Fachkräftekataloges „nach unten" ruft eine neuartige Diskussion um Qualität hervor: Pädagogische Fachkräfte müssen deutlich machen, dass nur sie in der Lage sind, die an sie gestellten Anforderungen mit ihrer spezifischen Fachkompetenz erfolgreich zu bearbeiten (vgl. Grgic/Friedrich 2023, S. 236). Aufgrund der Tatsache, dass in einem heterogenen Team Personen mit einem sehr unterschiedlichen Maß an Fachexpertise zusammenarbeiten, müssen Leitungskräfte die Rolle jedes einzelnen Mitarbeitenden gegebenenfalls auch hierarchisch festlegen. Neben den vielen Integrationsaufgaben, die in den vorigen Kapiteln ausführlich dargestellt wurden, ergibt sich also für Leitungskräfte und Fachberatungen eine weitere wichtige Aufgabe: Sie sollten das Professionsbewusstsein von Erzieher:innen und sozialpädagogischen Assistent:innen gezielt stärken und entsprechend klare Job-Profile herausarbeiten. Niemand darf auf die Idee kommen, der pädagogische Alltag in den Kitas ließe sich eventuell ohne die notwendige Fachexpertise organisieren.

Profession	Sicht auf Marius' Stärken, Schwächen und Ressourcen	Förderschwerpunkte
Erzieher Sven: • hat das soziale Gefüge der Gesamtgruppe im Blick, • hält Kontakt zu Marius' Eltern, • erforscht die Möglichkeiten in Marius' Sozialraum, • steuert seine Entwicklungsdokumentation, • erkennt Marius' Interessen sowie die der anderen Kinder und leitet daraus Angebote für die Gesamtgruppe ab.	• Marius hat einen konstanten Freund; die Freundschaft beruht auf Gegenseitigkeit. • Die Eltern ermöglichen den Kontakt zum Freund; sie sind im Grundsatz daran interessiert, dass Marius auch Kontakte außerhalb der Familie pflegt. • Marius' geringer mimischer Ausdruck und seine sprachliche Zurückhaltung machen es anderen Kindern schwer, ihn einzuschätzen.	• Sven wird Marius darin unterstützen, weitere Kontakte in der Gruppe zu knüpfen, und Spielkontakte mit anderen Kindern anbahnen. • Sven wird die Eltern darauf ansprechen, ob Marius am Kinderturnen teilnehmen kann. • Sven wird für die gesamte Gruppe ein Angebot zum Thema „emotionale Ausdrucksmuster" entwickeln.
Ergotherapeutin • diagnostiziert Marius' motorische Entwicklung und seine Wahrnehmungsentwicklung, • führt spezielle Förderung in den genannten Bereichen durch.	• Marius nimmt nur an wenigen Bewegungsangeboten teil. Er wirkt auch auf dem Außengelände eher unsicher in den Bewegungen. Allerdings ist er oft im Sandkasten in der Nähe der Matschstelle anzutreffen.	• Genauere Diagnostik der Wahrnehmungsverarbeitung und der motorischen Fähigkeiten von M. • Matschangebote ausweiten, Arbeit in Kleingruppe.
Logopädin: • erhebt Marius' Sprachstand, • führt spezielle Sprachförderangebote durch.	• Marius' Mundmotorik ist schlaff, woraus seine verwaschene Aussprache resultiert.	• Die Logopädin wird Marius Angebote zur Stärkung der Mundmuskulatur machen (geeignete Spiele).

Fazit:

Nachdem Marius' Verhalten aus den drei unterschiedlichen Perspektiven interpretiert wurde, haben die Vertreter:innen der drei Professionen entsprechende Ziele abgeleitet und folgende Vorgehensweise vereinbart:

- Sven greift die Ressource „Matschen" auf, indem er regelmäßig Back-Angebote durchführt. Seine Kollegin wird mit der Gruppe außerdem mit selbst gemachter Knete arbeiten.
- Im Morgenkreis wird Sven Lieder und Reime für die Mundmotorik einführen. Gemeinsam mit seinen Kolleg:innen will er im Außengelände künftig Seifenblasen zur Verfügung stellen und Bilderbücher zur Sprachförderung vorlesen.
- Sven etabliert im Alltag Kleingruppenangebote, bei denen Marius sich jeweils zwei weitere Kinder aussuchen darf, die teilnehmen dürfen. Abwechselnd führen die Ergotherapeutin, die Logopädin und Sven durch diese Kleingruppenangebote.

Insgesamt erweitern sich durch die multiprofessionelle Zusammenarbeit das Verständnis für Marius' Situation sowie die Fördermöglichkeiten erheblich.

Literatur

Autorengruppe Fachkräftebarometer (2021): Fachkräftebarometer Frühe Bildung 2021. Weiterbildungsinitiative frühpädagogische Fachkräfte. München.

Becker-Stoll, F./Textor, M. R. (Hrsg.) (2007): Die Erzieherin-Kind-Beziehung. Berlin, Düsseldorf, Mannheim: Cornelsen Scriptor.

Butschkow, R. (2010): Hier stimmt ja fast gar nichts! Köln: Baumhaus Verlag.

Cloos, P./Weltzien, D. (2019): Multiprofessionelle Zusammenarbeit – ein thematischer Aufriss. In: KITA aktuell spezial, 4/2019. S. 124–127.

Coelho, P. (1999): Unterwegs. Geschichten und Gedanken. Zürich: Diogenes.

Deutscher Verein (2016): Empfehlungen des Deutschen Vereins zur Implementierung und Ausgestaltung multiprofessioneller Teams und multiprofessionellen Arbeitens in Kindertageseinrichtungen. https://www.deutscher-verein.de/de/empfehlungenstellungnahmen-2016-empfehlungen-des-deutschen-vereins-zur-implementierung-und-ausgestaltung-multiprofessioneller-teams-und-multiprofessionellen-arbeitens-in-kindertageseinrichtungen-2285,779,1000.html (letzter Zugriff: 30.11.2023)

Diedrichs, A./Krüsi, D./Storch, M. (2021): Durchstarten mit dem Team. Aufbau einer ressourcenorientierten Zusammenarbeit mit Verstand und Unbewusstem. 2. akt. und erw. Aufl. Bern: Hogrefe.

DKLK (2023): Studie mit Schwerpunkt „Personalmangel in Kitas". https://deutscher-kitaleitungskongress.de/wp-content/uploads/2023/03/DKLK_Studie_2023_210x297_A4_V07_RZ-1.pdf (letzter Zugriff: 30.11.2023)

Dollinger, A.: Change-Trainings erfolgreich leiten. © managerSeminare. https://www.managerseminare.de/tmfiles/Vorbereitung-Sprungbrettrede_231961_125.pdf (letzter Zugriff: 30.11.2023).

Fröhlich-Gildhoff, K./Weltzien, D./Strohmer, J. (2021): Unterstützungspotenziale für multiprofessionelle Teams in Kindertageseinrichtungen. In: Nentwig-Gesemann, I./Cloos, P. (2021): Frühe Bildung. Schwerpunkt Heterogenität in Teams. Jahrg.10/Heft 1. S. 4–15.

Fröhlich-Gildhoff, K. (2022): Appell: Das Kita-System steht vor dem Kollaps. https://www.nifbe.de/images/nifbe/Aktuelles_Global/2022/Das_Kita_System_steht_vor_dem_Kollaps-Appell_der_Wissenschaft-31.8.2022.pdf (letzter Zugriff: 30.11.2023).

Funcke, A./Braemer, G. (2022): Zusammen finden. Diversity-Methoden für Menschen in Gruppen und Teams, die Vielfalt erleben. Bonn: managerSeminare, Edition Training aktuell.

Gellert, M./Nowak, C. (2010): Teamarbeit – Teamentwicklung – Teamberatung. Ein Praxisbuch für die Arbeit in und mit Teams. 4. erw. Aufl. Meezen: Limmer Verlag.

Gerstenberg, F./Cloos, P. (2021): Grenzarbeit in multiprofessionellen Teams und interorganisationaler Kooperation. In: Frühe Bildung Jahrg.10/Heft 1. S.16–22.

Grgic, M./Friedrich, T. (2023): Lizenz zur Multiprofessionalität in Zeiten des Fachkräftemangels? In: Zeitschrift für Pädagogik, Ausgabe 2, S. 233–254.

Günster-Schöning, U. (2022): Erfolgreiche Teamführung im Kindergarten. Ein Reflexionsbuch für Kitaleitungen. Weinheim, Basel: Beltz Juventa.

Jetter, W. (2008): Effiziente Personalauswahl. Durch strukturierte Einstellungsgespräche die richtigen Mitarbeiter finden. Stuttgart: Schäffer-Poeschel.

Kuhl, J./Scheffer, D./Mikoleit, B./Strehlau, A. (2010): Persönlichkeit und Motivation im Unternehmen. Stuttgart: Kohlhammer.

Kuhl, J./Müller-Using, S./Solzbacher, C./Warncke, W. (2011): Bildung braucht Beziehung. Selbstkompetenz stärken – Begabung entfalten. Herausgegeben vom nifbe. Freiburg: Herder.

Mannhard, A. (2018): Der Lebensspur folgen. Ausfüllbuch: Biografiearbeit für Erzieherinnen und Erzieher. Freiburg: Herder.

Marona-Glock, K./Höhl-Spenceley, U. (2007): Praxisanleitung. Berlin: Cornelsen Scriptor.

Martens, J.-U./Kuhl, J. (2013): Die Kunst der Selbstmotivierung. Neue Erkenntnisse der Motivationsforschung praktisch nutzen. 5. überarb. Aufl. Stuttgart: Kohlhammer.

Maywald, J. (2019): Gewalt durch pädagogische Fachkräfte verhindern. Freiburg: Herder.

Möller, J.-Ch./Schlenther-Möller, E. (2012): Kita-Leitung. Leitfaden für Qualifizierung und Praxis. Mülheim an der Ruhr: Cornelsen.

Müller, G. (2021): Multiprofessionalität als Prozess inklusiver/integrativer Kindertagesbetreuung. In: Frühe Bildung, Jahrg. 10/Heft 1. S. 23–28.

Nentwig-Gesemann, I./Cloos, P. (2021): Heterogenität in Teams. In: Frühe Bildung, Jahrg. 10/Heft 1. S. 1–3.

PETZE-Institut für Gewaltprävention, Kiel: Unveröffentlichte Seminarunterlagen

Schmidt-Tanger, M./Stahl, Th. (2005): Change Talk. Paderborn: Junfermann.

Schmieder, L. (2019): Schätze für das Kita-Team. Freiburg: Herder.

Schönberg, N. (2023): Wie Fehler zu Helfern werden. In: kindergarten heute, 6/7_2023, S. 20–22. Freiburg: Herder.

Spindler, A. (2021): Diskussionen. Quereinsteiger_innen und Assistenzkräfte in multiprofessionellen Teams – eine mögliche Lösung für den Fachkräftemangel? In: Frühe Bildung, Jahrg. 10/Heft 1. S. 49–52.

Stahlmann, M. (2023): Fachkräftemangel – Von ausgequetschten Zitronen und kleinen Brötchen. In: Unsere Jugend 75/6, S. 261–269.

Storch, M./Kuhl, J. (2017): Die Kraft aus dem Selbst. Sieben Psychogyms für das Unbewusste. 3. unveränderte Aufl. Göttingen: Hogrefe.

Storch, M./Krause, F./Weber, J. (2022): Selbstmanagement – ressourcenorientiert. Theoretische Grundlagen und Trainingsmanual für die Arbeit mit dem Zürcher Ressourcen Modell (ZRM®). Göttingen: Hogrefe.

Syst Institut: Wo geht's denn hier zum Bahnhof? https://www.syst.info/de/wo-gehts-denn-hier-zum-bahnhof (letzter Zugriff: 30.11.2023).

Textor. M./Bostelmann, B. (Hrsg.): Das Kita-Handbuch. https://www.kindergartenpaedagogik.de/fachartikel/ (letzter Zugriff: 30.11.2023).

Thurmann, B. (2022): Den pädagogischen Alltag reflektieren. Freiburg: Herder.

Thurmann, B./Hansen, I. (2023): Souverän mit Konflikten umgehen. kindergarten heute leiten kompakt. Freiburg: Herder.

Unabhängige Beauftragte für Fragen des sexuellen Kindesmissbrauchs (UBSKM): Schutzkonzepte. https://beauftragte-missbrauch.de/themen/schutz-und-praevention/schutzkonzepte (letzter Zugriff: 30.11.2023).

Wedewardt, L./Hohmann, K. (2021): Kinder achtsam und bedürfnisorientiert begleiten. Freiburg: Herder.

Wehrmann, I. (2023): Der Kita-Kollaps. Warum Deutschland endlich auf frühe Bildung setzen muss. Freiburg: Herder.

Weltzien, D./Fröhlich-Gildhoff, K./Strohmer, J./Reutter, A./Tinius, C. (2016): Multiprofessionelle Teams in Kindertageseinrichtungen. Evaluation der Arbeitsprozesse und Arbeitszufriedenheit von multiprofessionell besetzten Teams in Baden-Württemberg. Weinheim und Basel: Beltz-Juventa.

Weltzien, D. (2019): Zusammenarbeit im Kita-Team: das Forschungsprojekt „TEAM BaWü". In: KITA aktuell spezial 4/2019. S. 131–133.

kindergarten heute
Wenn Eltern Rat suchen

HINTERGRUNDWISSEN UND LÖSUNGSANSATZ FÜR DIE KOMPETENTE ELTERNBERATUNG

„Mama und Papa haben sich getrennt!“
Bestell-Nr.: Z52 0018

Wenn
Wissen für die professionelle Elternberatung

Eltern
Erziehungsfragen – auf 8 Seiten kompetent beantwortet

Rat
Ratschläge und Impulse im praktischen Format

suchen
Schritt für Schritt gemeinsam Lösungen finden

ALLE AUSGABEN JETZT AUCH DIGITAL!

„Sie tanzt mir auf der Nase herum!“
Bestell-Nr.: Z52 0013

„Endlich ohne Windel?!“
Bestell-Nr.: Z52 0017

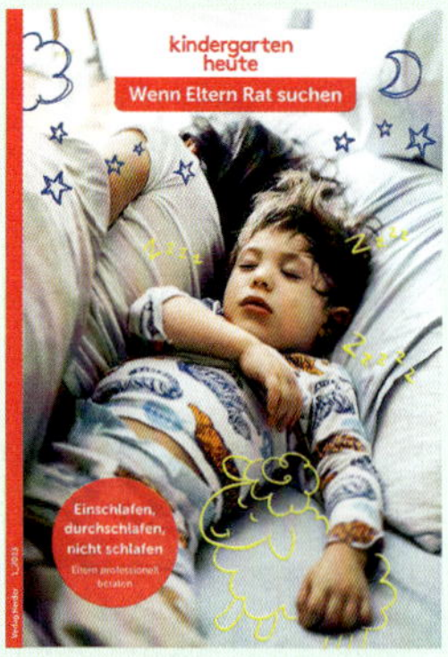

„Einschlafen, durchschlafen, nicht schlafen“
Bestell-Nr.: Z52 0015

„Ich ess das nicht!“
Bestell-Nr.: Z52 0016

„Freie Entfaltung?!“
Bestell-Nr.: Z52 0014

Diese und viele weitere Ausgaben finden Sie unter
www.kindergarten-heute.de oder hier:

Dank

Unser Dank gilt den zahlreichen Quereinsteiger:innen, Erzieher:innen und Leitungskräften, die in Interviews und Workshops von ihren Erfahrungen aus der Praxis berichtet haben. Darüber hinaus danken wir ganz besonders Andrea Strämke (DRK Spitzenverbandsvertretung), die nicht nur den gesamten Entstehungsprozess mit vielen fachlichen Hinweisen begleitet hat, sondern auch die Durchführung diverser Workshops mit Leitungskräften ermöglichte. Ihr verdanken wir insbesondere einen ausgewogen kritischen Blick auf die politischen Entwicklungen, die mit dem Quereinstieg verbunden sind. Anna Berger danken wir für die Vermittlung wertvoller Kontakte zu Quereinsteiger:innen. Für die aufmerksame Durchsicht des Manuskripts danken wir Dr. Martin Stahlmann, Hajo Löffler und Dr. Eva Burchardt.

Impressum

leiten kompakt: Quereinstieg in die Kita – Herausforderungen und Chancen für Leitung und Team ist ein Sonderheft von kindergarten heute – Das Fachmagazin für Frühpädagogik.

Redaktion
Thilo Bergmann (verantw.)
0761 / 2717-209
E-Mail: bergmann@herder.de

Franziska Aehlen
0761 / 2717-238
E-Mail: aehlen@herder.de

Anschrift der Redaktion
Hermann-Herder-Str. 4
79104 Freiburg
Tel.: 0761 / 2717-322
E-Mail: redaktion@kindergarten-heute.de
www.kindergarten-heute.de

Verlag

www.herder.de

Bildnachweis
Titelfoto: MixMedia – GettyImages
Zeichnungen Seite 4, 5, 7, 10, 11, 12, 13, 14, 15, 16, 18, 19, 20, 21, 22, 23, 25, 27, 29, 30, 31, 32, 35, 37, 39, 41, 42, 43, 45, 47, 48, 49 © Zdenek Sasek – GettyImages

Foto S. 3: Franziska Aehlen; Foto S. 6: picture alliance/dpa PIPE Oliver Berg; Foto S. 8: SDI Productions – GettyImages; Fotos S. 19, 23, 26, 28: Westend61 – GettyImages; Foto S. 17: picture alliance/dpa PIPE Arne Dedert; Foto S. 32: DGLimages – GettyImages; Fotos S. 34, 40: Luis Alvarez – GettyImages; Foto S. 44: izusek – GettyImages

Layout, Satz und digitale Bearbeitung
rsrdesign Reckels & Schneider-Reckels, Guntersblum, www.rsrdesign.de

Druck
Medienhaus Plump GmbH, Rheinbreitbach

Leserservice
Verlag Herder GmbH
Hermann-Herder-Str. 4
79104 Freiburg
Tel.: 0761 / 2717-379 oder 0761 / 2717-244
Fax: 0761 / 2717-249
E-Mail: kundenservice@herder.de

Gedruckt auf chlorfrei gebleichtem Papier

Printed in Germany

Titelnummer: 897
ISBN Print: 978-3-451-00897-9
ISBN E-Book (PDF): 978-3-451-83129-4